JN125005

目　次

序

第1章　アメリカ合衆国におけるユダヤ慈善

第2章　ユダヤ慈善の近代化
——改革派ユダヤ教とハンナ・ソロモンの先駆的活動

第3章　慈善の近代化形成期におけるソーシャルワーク訓練学校
――School for Jewish Communal Work における宗教性と同化をめぐって

第4章　1900年代前半のパレスチナにおけるユース・アリヤー支援事業
——ヘンリエッタ・ゾールドの活動を中心に

結

資　料

装丁　熊谷博人

序

1　研究の背景

人々はいつの時代にも生活の安定と向上を求めてきたし今後もそうであろう。今日われわれの安定した日常生活を阻害しているさまざまな生活上の問題や課題に対応してくれているのが社会福祉である。そのような生活保障の仕組みは，過去の歴史のなかで生まれては必要に応じ改善が加えられ今日の姿になっているのである。

社会福祉を歴史的に俯瞰すると，まず救済の原初的形態に位置付けられているのが「相互扶助」（mutual aid）である。古代社会においては，ギリシア由来の人道主義的動機に基づく「博愛」（philanthropy）と，ユダヤ教，キリスト教等の宗教の教義的動機に基づく「慈善」（charity）があった。博愛と慈善は篤志家等による個人的な救済活動や，組織や団体等が行う慈善事業が近代に至るまで続いた。近代になると救済事業に国家が介入する「社会事業」（social work）となり，第二次世界大戦後は「社会福祉」（social welfare）へと発展し今日に至っている。社会事業と社会福祉の相違は，例えば貧困問題では，社会事業は救貧を特徴とし，社会福祉は救貧のみでなく防貧をも含むことを特徴とする。

筆者は社会福祉の発達史のなかでとくにユダヤ慈善に関心を寄せてきた。その理由は，欧米の福祉思想の根源はユダヤ慈善に遡ることができ，原始キリスト教は初期ユダヤ教から慈善の思想や実践形態等で多大な影響を受けてきたからである。

古代のユダヤ社会では，聖書の出エジプト記（23 章 9–11 節），レビ記（19 章 9–10 節，23 章 22 節），申命記（14 章 28–29 節，24 章 19–21 節）等の言説を根拠として，寄留者，孤児，寡婦等への救済が慣習となり，次第に文書化され規定として残されるようになった。ユダヤ慈善の思想的根拠はヘブライ語の「義／正義（ツェデク）」（男性名詞）である。貧困者等への施しの行為は，憐憫の情と不可分の関係にあり，教義的には神の属性の一つである「義／正義」を表明する手段であり，貧困者等に「施し（ツェダカー）」（女性名詞）

を行うことは，つまり神の属性の模倣であると理解されていた。ユダヤ教教典のミシュナ（口伝律法を集成したもの）やタルムード（ミシュナの体系的，弁証法的分析と補足を集成したもの）では，ゼライームの巻（「種子」の意）のペアー篇（「四隅」の意）において救済の方法が規定され，落穂拾いと募金を主な手段とする貧困者救済制度に発展した。

中世には，ユダヤ教の指導者の一人モーセス・マイモニデスが 1178 年にタルムードを含む法規類を主題別に分類，再編した『ミシュネ・トーラー』（「第二の律法」の意）を完成させた。そのなかの「セフェル・ゼライーム」（「種子の書」の意）に「貧困者への施しの規定」がある。そこにおいてマイモニデスは，最も称賛されるべき慈善行為は，貧困を防ぎ慈善の必要をなくす行為である，としている。それは今日の社会福祉における防貧の考え方に通じるものである。マイモニデスの慈善の観念は，近代のユダヤ教の社会事業を経て現代のユダヤ教社会福祉に至るまで，連続性をもって伝播し後世に影響を及ぼしている。

筆者は 2014 年の拙著『ユダヤ慈善研究』において上記の部分を各論的に掘り下げて考察を行い，欧米福祉思想の基軸になる正義ないしは社会的公正の原点がユダヤ慈善に遡及されることを明らかにした[1)]。その時点で，ユダヤ慈善がどのように社会の近代化に呼応していくことになるのか，つまりユダヤ慈善の近代化の研究テーマを持つようになった。その新たなテーマについては先行研究が少なく断片的な情報しか得られず，時間をかけた取り組みを必要とした。そのため，2015 年度から 2018 年度まで科学研究費の助成を受けながら研究することになった[2)]。その研究成果は関係学会での発表や学術誌への投稿論文として公にしてきた。のちに全体を取りまとめてみると，用語や内容に手直しを必要とする部分が見つかったため，加筆修正を施しここに改めて公にすることにした。そのような理由から本書は先に述べた『ユダヤ慈善研究』の続編といえる。

1）田中利光（2014）『ユダヤ慈善研究』教文館。

2）日本学術振興会科学研究費補助金（基盤研究 C）による研究課題名，「ユダヤ慈善の近代化——革新主義の出現と社会事業の発展」。

2　研究の目的

本研究の目的は，ユダヤ慈善が社会の近代化にどのように呼応してきたのかを各論的に掘り下げて明らかにすることにある。古代から近代に至るまで，聖書やユダヤ教教典等のユダヤ教教義に基づいて形成され実践されてきたユダヤ慈善が，近代以降の一般的な世俗のソーシャルワークとの関係にどう向き合い，ユダヤ教ソーシャルワークを形成していったのかを考察する。

ここで「ソーシャルワーク」の意味について付記しておきたい。ソーシャルワークという用語は二つの異なった意味において使用されることがある。その一つは，研究の背景で述べたように「社会事業」を英語でソーシャルワーク（social work）と表現することから，歴史的な文脈のなかで用いる場合である。もう一つは，ソーシャルワークを技術的な文脈のなかで用いる場合である。その場合は，ソーシャルワークというのは社会福祉の専門的な知識や技術を持った専門職が行う援助の実践として使用される。このように歴史的な文脈のなかで用いる場合と，対人援助関係で用いる場合とでは，ソーシャルワークのことばの持つ意味が異なるので注意を要する。

3　研究の方法

本研究は主に文献研究に依っている。その際，可能な限り一次文献にあたるように努めた。文献研究を補足，確認するためにアメリカ合衆国での二度の現地調査と，イスラエルでの一度の現地調査を行った。

ユダヤ慈善の近代化を牽引してきたのは主にアメリカ合衆国内のユダヤ教徒たちであった。とくにシカゴとニューヨークにおいて顕著な活動がみられた。そのため，2016 年にシカゴに赴き現地での実地調査と文献の蒐集を行い，2017 年にはニューヨークで現地調査とニューヨーク公共図書館を中心に文献調査，蒐集を行った。2018 年にはイスラエルで現地調査とヘブライ大学図書館を中心に文献調査を行った。

1800 年代後半から 1900 年代の半ばにかけて，ユダヤ慈善が近代化する過程において重要な役割を担ったのはユダヤ人の女性たちであった。そのなかでハンナ・ソロモンとヘンリエッタ・ゾールドの事業に焦点を当てた二本の論文を本書に入れている。とくに両人物に注目したのは，彼女らの活動がアメリカ合衆国内にとどまらず，国際的なネットワークを駆使して活動を展開し，のちの社会事業の発展に多大な功績を残しているからである。

第1章

アメリカ合衆国における
ユダヤ慈善

はじめに

近代のアメリカ合衆国（以下，アメリカと表記する）では，公的な社会事業に加え，カトリックやプロテスタント・キリスト教，ユダヤ教などの宗教団体による慈善事業の活発な展開がみられた。そのようななかで，アメリカにおける初期のユダヤ慈善団体の多くは，世界中から移民として入ってきたユダヤ人たちによって組織された。

近代のユダヤ慈善は，思想的にはトーラー（ユダヤ教聖典で，キリスト教でいう旧約聖書）及びタルムード（ユダヤ教教典）由来のマイモニデスの慈善観を継承している[1)]。ユダヤ慈善思想はイスラエル建国以前のディアスポラ（離

1) モーセス・マイモニデスは 1178 年にトーラーとタルムードにある律法や慣習等のすべてを体系化し，過去のユダヤ教賢者たちの解釈で矛盾している部分を自らの責任でひとつに決定して著した『ミシュネ・トーラー』（「第二の律法」の意）を完成させた。それは 14 書から構成されており，「慈善の 8 段階」が記された箇所は「セフェル・ゼライーム」（「種子の書」）の「ヒルコット・マテノット・アニイム」（貧困者への施しの規定）の第 10 章の 7 節から 14 節にある（Maimonides / Makbili 2009）。

要約すると，第 1 段階の慈善は最小限の慈善，つまり進んで行わない慈善であり，心からの寄付ではない。第 2 段階は，喜んで与えるが，受ける側の貧苦に釣り合わない慈善である。第 3 段階は，喜んで適正な額を与えるが，乞われるまで与えない慈善である。第 4 段階は，喜んで適正な額を，乞われる前に与えるが，直接貧困者に手渡すため，その人に恥辱的な感情を与えてしまう慈善である。第 5 段階は，施しを受ける貧困者が施しを与える側を知っているが，施しを与える側は施しを受け取る側を知らない慈善である。第 6 段階は，施しを与える側が受け取る側を知っているが，受け取る側は与える側を知らない慈善である。第 7 段階は，施しを与える側は自ら救った者について知らず，また救われた側も施しを与えた側の名前を知らない慈善である。第 8 段階は，最も称賛に値する慈善であり，貧困を防ぎ慈善の行為をなくす行為（貧困者の自立を促す行為）である。

このマイモニデスの慈善の観念は，現代においてもアメリカ・ラビ中央協議会（The Central Conference of American Rabbis）が編集・出版している『ユダヤ教礼拝合同祈禱書』のなかに慈善の観念として継承されている（The Central Conference of American Rabbis 1946）。

散）の地にあっても，宗教規定に根ざす統一的な慈善観があり，それゆえに時代を超えてユダヤ人の福祉文化となって継承されてきた。したがって，団体によっては早くから組織化やネットワーク化に取り組み，それらの団体・組織のなかには今日まで存続しているものもある。

慈善団体の成り立ちとその活動については，各団体が出している機関誌等が最も正確な情報源となりうるが，草創期の資料については散逸しているものも少なくない。近代アメリカのユダヤ慈善団体のいくつかは，ボーゲンの先行研究等で概説されているが（Bogen 1917），活動内容等にまで踏み込んで調査，分析されたものは少ない。

本章では 1700 年代後半から 1900 年代前半にかけてアメリカで創設されたユダヤ慈善団体のなかから，当時を代表する団体・機関で今日まで活動を展開しているヘブライ共済会（Hebrew Benevolent Society），ブネイ・ブリット（B'nai B'rith），全米ユダヤ女性評議会（National Council of Jewish Women），全米ユダヤ慈善会議（National Conference of Jewish Charities）について，機関誌や議事録のほか，1899 年創刊の『アメリカ・ユダヤ年鑑』（*American Jewish Year Book*）等を用い，初期の活動の特徴を考察する。

1　アメリカのユダヤ人移民

アメリカに最初に渡来したユダヤ人を特定するのは困難であるが，1654年8月にヤコブ・バーシムソン（Jacob Barsimson）とその家族がオランダからニューアムステルダム（のちのニューヨーク）に入航し，その地に定住したことが知られている。その前後にはおそらくほかにも少数のユダヤ人が渡来したと考えられているが，集団で移民として渡来したのは1654年9月に子どもを含む23人の男女のユダヤ人が，おそらくブラジルのセント・アンソニー岬から，ニューアムステルダムに入航したのが最初であるとされている。アメリカにおけるユダヤ人移民は，19世紀半ばまではスペイン系ユダヤ人（スファラディ）が主流であった。1840年以降は主としてドイツと中欧諸国出身者が占めるようになった。1881年からはロシアを中心とする東欧からの移民が増大した。

アメリカ・ユダヤ委員会（American Jewish Committee）の統計部長であったハリー・リンフィールド（Harry S. Linfield）は，1927年にアメリカに在住するユダヤ人に関する初めての大規模調査を実施している（資料は1927年末現在を基準としているが，そのうちのユダヤ人共同体に関する資料の一部には補遺資料として1928年と1929年の分も含まれている）。その成果は『アメリカ・ユダヤ年鑑』（*The American Jewish Year Book*）の第30巻（1928年）のなかで「合衆国のユダヤ人人口，1927年」（The Jewish population of the United States, 1927）として報告され，さらに第31巻（1929年）のなかで「合衆国におけるユダヤ人共同体，1927年」（The Communal Organization of the Jews in the United States, 1927）として報告されている。

リンフィールドの1928年の報告書によると，1927年当時のユダヤ人の州別人口比率は，高い順からニューヨーク州16.67％（州の総人口11,423,000人に占めるユダヤ人人口1,903,890人），ニュージャージー州6.01％（総人口3,749,000人，ユダヤ人人口225,306人），コネティカット州5.59％（総人口1,636,000人，ユダヤ人人口91,538人），マサチューセッツ州5.32％（総人口

4,242,000人，ユダヤ人人口225,634人），イリノイ州4.74％（総人口7,296,000人，ユダヤ人人口345,980人）となっている。それらの5州はいずれも「北部」と称される地域にある州である。それらの州を含めた北部の州全体のユダヤ人人口の平均比率は5.25％であり，アメリカのなかで最もユダヤ人の人口比率が高い地域である。これに比して，「南部」ではヴァージニア州の1.01％を除けば，どの州も1.0％を下回り，南部の平均比率は0.65％である。「西部」ではカリフォルニア州2.78％，コロラド州1.89％，オレゴン州1.47％のほかはいずれの州も1.0％を下回り，西部の平均比率は1.66％である（資料1参照）。

リンフィールドの1927年の調査では，全米にユダヤ人による社会奉仕団体（social-philanthropic organizations）が2,957団体存在した。そのうちの1,937団体（65.51％）は貧困家庭の救済や募金活動等を行うために組織された兄弟会（brotherhoods）や姉妹会（sisterhoods）等の機能集団であり，残りの1,020団体（34.49％）は同郷の移民者たちから成る同郷人会等の地縁集団であった。それらの団体は男性のみか，あるいは女性のみのどちらかで構成されていた。前者（機能集団）の1,937団体のうち，1,705団体は女性団体であり，残りの232団体は男性団体であった。男性団体の割合は8分の1に満たず，それは慈善を含む社会奉仕活動への女性の積極的な進出をうかがわせるものであった。

それらの団体のなかで，リンフィールドは最大規模の団体として，ブネイ・ブリット（B'nai B'rith, ヘブライ語で「契約の息子たち」の意）をあげている。また，彼が女性による最大規模のユダヤ社会奉仕団体としてあげているのは，全米ユダヤ女性評議会（National Council of Jewish Women）である（*American Jewish Year Book* Vol. 31, 1929及びLinfield 1930）。これらの団体については，本章の3（「最大規模のユダヤ慈善団体」）及び4（「ユダヤ人女性による慈善団体」）で扱う。

2　アメリカ最古のユダヤ慈善団体

アメリカ最古のユダヤ慈善団体は，1784年にサウスカロライナ州チャールストンで創設されたチャールストン・ヘブライ共済会（Hebrew Benevolent Society of Charleston）（以下，ヘブライ共済会と表記する）である。創設時の会員数は明らかでないが，1870年の会員数は122名，1965年は188名であった（Tobias 1965 : 47, 60–62）。1830年12月にサウスカロライナ州議会で認可され法人格を与えられた州政府公認の慈善団体として，コミュニティにおけるサービスと信用を高めていった（McCord 1840, 2012 : 369）。しかしながら，1838年に寄付を募る怪文書が会長名で新聞の広告に出されたことをきっかけに，その後の歩みは停滞を続けたが，1866年に改組し56名の会員で団体の再興を図った。その結果，再出発から15か月後に会員数は56名から119名に増加した。1900年6月には全米ユダヤ慈善会議（National Conference of Jewish Charities）の構成団体として，シカゴで開催された第1回全米ユダヤ慈善会議に参加している。1902年にはアトランタのユダヤ孤児院への寄付を行うなど，地方を活動拠点とした支援を組織化した（Tobias 1965 : 18–19）。同会の徽章には人骨の挿絵があり，独特な強い印象を与えるデザインである（資料2参照）。

ヘブライ共済会の徽章に見られるように，慈善と死を（人骨あるいは髑髏を死の象徴として）並列させ，慈善が死からの救いにつながることを強調する方法は，近代のユダヤ慈善には時折みられるものである。少なくとも1800年代に中東やヨーロッパで作製された慈善箱には，ヘブライ語で「慈善は死から救う」と刻字されているものもある。ヘブライ共済会の徽章にも人骨の挿絵とともに，ヘブライ語で「慈善，死からの救済者」の文字が記されている。さらに同様の例として，18–19世紀に中東，おそらくペルシャで制作された銀製の慈善鉢（募金を目的とした慈善箱の一種で形状が鉢形のもの）にも髑髏の形状が型押しされており，そこにはヘブライ語で「慈善は死から救う」と刻字されている（資料3参照）。また，チェコ東部のモラヴィア地方のニコルスブルク（Nikolsburg ＝チェコ語 Mikulov）にあった葬儀互助会が所有していた 1890 年の年号が刻字された慈善箱にも「慈善は死から救う」と記されている（資料 4 参照）。

ヘブライ共済会の規約で設立当初の印刷されたもの（あるいはその複製）は発見されていないが，当会の議事録には記録された規約の全文が存在する。その最古のものが，歴史的意義ゆえに，1870 年に規約の改訂版（1870 年規約）として採択された（資料 5 参照）。規約はその後，1899 年と 1965 年に改訂されている。1870 年規約では，ヘブライ共済会の組織は，役員が会長，副会長，理事 3 名，書記役，会計役で構成されていた。役員会（定期月例会議）は毎月第 3 日曜日（ユダヤ教の祭日を除く）に開催された。これとは別に会員 10 名からなる四半期会議が 3 月，6 月，9 月の第 3 日曜日に開催され事務的な業務等が行われた。年次会議（総会）は 12 月の第 3 水曜日に開催された。年次会議はのちに 1876 年に，12 月の第 3 日曜日に変更された。満 18 歳以上のユダヤ人であれば，書面による申請書を提出し審査のうえ会員による過半数の票を獲得し，入会費 3 ドルを支払うことで会員になることができた。

3　最大規模のユダヤ慈善団体

リンフィールドが最大規模の団体としてあげているブネイ・ブリット（B'nai B'rith）は，1843年10月にニューヨーク市でヘンリー・ジョーンズ（Henry Jones）ら12人のドイツ系ユダヤ人青年たちによって組織された。当初は「仲間の絆」（Bundes Brüder）と称していたが，1850年に「ブネイ・ブリットの独立騎士団」（Independent Order of B'nai B'rith）と改称し，さらに1930年には「ブネイ・ブリット」（B'nai B'rith）と名称を短縮し，現在では「ブネイ・ブリット・インターナショナル」（B'nai B'rith International = BBI）と称し，その活動は世界規模で展開されている。

ブネイ・ブリットの独立騎士団は1858年には会員数約3千人となり，南北戦争（1861-1865年）後には約2万人となった。1930年時点では約14万2千人を擁する団体に成長した。今日，ブネイ・ブリットは各地（あるいは各国）に設けられた「ロッジ」（Lodge）を活動拠点としており，それらロッジの上位に「地域総括ロッジ」（District Grand Lodge）があり，さらに地域総括ロッジを統括しているのがワシントンD. C.に置かれている「最高ロッジ」（Supreme Lodge）である。ブネイ・ブリットの最初のロッジは1843年11月にニューヨークに設立された（1930年時点では全米に7箇所のロッジが存在した）。

初期の主な活動としては，1868年にクリーブランドにユダヤ孤児院（Cleveland Jewish Orphan Asylum）を設立し，開設時の入所児童には南北戦争で父親を亡くした児童38人も含まれていた。その後，ブネイ・ブリットはニューヨークのヨンカースに老人ホームを，アトランタとエリーに孤児院を，ニューオーリンズに老人ホームと孤児院を設立した。医療関係では，1900年にコロラド州デンヴァーの全米ユダヤ病院（National Jewish Hospital）とアーカンソー州ホットスプリングスのレオ・N・レヴィ記念病院（Leo N. Levi Memorial Hospital）の財政の一部を援助し運営を担った。

海外への展開としては，1875年にカナダに最初のロッジが設立され（トロント），1882 年にはヨーロッパ大陸最初のロッジがドイツに設立された（ベルリン）。その後，エジプト（カイロ 1887 年），パレスチナ（エルサレム 1888 年）等，アフリカや中東にも海外ロッジが組織された（1930 年時点で海外に 8 箇所あった）。

ブネイ・ブリットの例にみるように，近代ユダヤ慈善の組織化と勢力拡大の背景には，全世界からアメリカにユダヤ人移民が流入したことが組織化の原動力になったことと，さらに，古代から近代まで連続性をもって継承されてきたユダヤ慈善思想を移民者が福祉文化として共有していたことがあげられよう。なお，マイケル・ドブコフスキー（Michael N. Dobkowski）は，ユダヤ系アメリカ人のボランティア団体を，友愛組合（fraternal），博愛団体（philanthropic），ソーシャル・サービス（social service）等に分類するなかで，ブネイ・ブリットを友愛組合に位置付けている（Dobkowski 1986）。

4　ユダヤ人女性による慈善団体

アメリカでユダヤ慈善団体の全国大会は，先に述べた1900年の全米ユダヤ慈善会議第1回大会（First National Conference of Jewish Charities）を起点とするが，それに先立ち，全米ユダヤ女性評議会（National Council of Jewish Women, 略称NCJW）は，当該団体の設立年である1893年にユダヤ女性大会（Jewish Women's Congress）をシカゴで開催し，1896年には第1回全米ユダヤ女性評議会大会（First Convention of the National Council of Jewish Women）をニューヨークで開催している。

NCJWは女性の宗教，博愛（その時代はまだ博愛と慈善の用語の使い分けが曖昧であり，当該団体では博愛の用語を使用していた），教育への参画を推進することを目的とした団体であり，初代会長は1893年から1905年まで，当該評議会の設立代表者であるハンナ・ソロモン（Hannah G. Solomon）が務めた。NCJWは1900年当時，全米（及びカナダ）に47の支部（sections ＝活動拠点）を置き，そこに4,785人の会員がいた（*American Jewish Year Book*, Vol. 2, 1900 : 77）。その後，支部の数は1905年には72に拡大し，会員数も1万人を超えた（Dobkowski 1986 : 335）。1943年には213支部（38州に201支部，コロンビア特別区に1支部，カナダに11支部）になり（Campbell, M., Wirtz, W. 1943 : 88-91），1954年には245支部に約10万2千人の会員を擁した（Levinger 1930, nineth ed. 1959 : 493）（資料6参照）。全米ユダヤ女性評議会大会は，第2回大会を1900年3月にオハイオ州のクリーブランドで開催し，第3回大会は1902年12月にメリーランド州のボルティモアで，第4回大会は1905年12月にイリノイ州のシカゴで開催している。その後は大方3年ごとに大会を開催している。

NCJWの設立大会であるユダヤ女性大会（1893年9月4日から7日までの4日間）では次のような報告があり（抜粋），それを基にして討論が行われた（National Council of Jewish Women 1894）。

1日目

「聖書時代と中世のユダヤ人女性」…Ms. Mannheimer

「現代のユダヤ人女性」…Ms. Weil

2日目

「シナゴーグにおける女性」…Ms. Frank

「家庭におけるユダヤ教の影響」…Ms. Cohen

3日目

「モーセの法典（五書）から教えてきた慈善」…Ms. Stern

「慈善活動における女性の位置――"それは何か"そして"それはどうあるべきか"」…Ms. Benjamin

4日目

「組織化」…Ms. American

NCJWの第1回全米ユダヤ女性評議会大会（1896年11月15日から19日までの5日間）では，宗教委員会（Committee on Religion），博愛（慈善）委員会（Committee on Philanthropy），宗教学校事業委員会（Committee on Religious School Work）の委員長による報告等がなされている（National Council of Jewish Women 1897）。

当該大会では次のような報告等があった（抜粋）。

2日目

「ユダヤ女性評議会の利点，必要，問題点」…Ms. Miller

「大都市における評議会」…Ms. Sulzberger

「小都市における評議会」…Ms. Nussbaum

3日目

「委員会報告」

①「宗教委員会報告」…Ms. Felsenthal

②「宗教学校事業委員会報告」…Ms. Richman

③「博愛委員会報告」…Ms. Benjamin

④「標語と徽章委員会報告」…Ms. Landsberg

「婦人会の社会性」…Ms. Henrotin
「慈善の組織化」…Ms. Sommerfeld
「世界の希望である児童――彼らの必要と訓練」…Ms. Axman
4日目
「われわれの機会」…Ms. Frank
「宗教学校――評議会は彼らに何ができるか」…Ms. Hahn

NCJWは1930年時点で全米の各地域に233の支部と84の青年部を擁していた。そこでは正統派ユダヤ教（Orthodox Judaism）と改革派ユダヤ教（Reform Judaism）の女性たちが一緒に集まり，その事業は移民の少女のための活動，農村のユダヤ人女性のための活動，宗教学校の設立，視覚障害者や聾唖者のケア等，多岐にわたっていた。さらに，会員による論文の発表や，外部の有識者等を招聘し，文芸，都市問題，ユダヤ問題の講演会等の開催も行っていた（Levinger 1930 : 457）。

NCJWの設立大会（ユダヤ女性大会1893年）の報告テーマをみると，ユダヤ人女性の課題（宗教上の差別）と過去のユダヤ人女性の社会活動の歴史的検証が主要な内容となっているのがうかがえる。第1回全米ユダヤ女性評議会大会（1896年）では，歴史的検証をもとにして一歩踏み込んだ女性の社会進出への気概が見て取れる。NCJWの特徴のひとつに迅速かつ強力なネットワークの構築があげられよう。全米及びカナダにまたがって張り巡らされた支部の拡大がそれを示している。なお，マイケル・ドブコフスキー（Michael N. Dobkowski）は，全米ユダヤ女性評議会を博愛団体（philanthropics）のなかの一団体に分類している（Dobkowski 1986）。

5　ユダヤ慈善諸団体の組織化

次に，全米ユダヤ慈善会議（National Conference of Jewish Charities, 略称 NCJC）の初期の歴史をみることにする。

NCJCは1899年12月1日に創設された。創設時の議長はマックス・セニアー（Max Senior），副議長はピスコ（Pisko, S.）とアイザックス（Isaacs, I. S.），書記はハンナ・マークス（Hannah Marks）で，創設時の構成団体は次にあげる38団体であった（*American Jewish Year Book*, Vol. 2, 1900 : 137–138）。

Hebrew Benevolent Society, Albany, N. Y.（ヘブライ共済会，オールバニ）
Hebrew Benevolent Society, Atlanta, Ga.（ヘブライ共済会，アトランタ）
Hebrew Benevolent Society, Baltimore, Md.（ヘブライ共済会，ボルティモア）
Hebrew Benevolent Society, Boston, Mass.（ヘブライ共済会，ボストン）
Hebrew Board of Charities, Buffalo, N. Y.（ヘブライ慈善委員会，バッファロー）
Hebrew Benevolent Society, Charleston, S. C.（ヘブライ共済会，チャールストン）
United Hebrew Charities, Chicago, Ill.（ヘブライ慈善連合，シカゴ）
United Jewish Charities, Cincinnati, O.（ユダヤ慈善連合，シンシナティ）
Hebrew Relief Association, Cleveland, O.（ヘブライ救済協会，クリーブランド）
Hebrew Benevolent Society, Dallas, Tex.（ヘブライ共済会，ダラス）
Jewish Charity Association, Denver, Colo.（ユダヤ慈善協会，デンヴァー）
United Jewish Charities, Detroit, Mich.（ユダヤ慈善連合，デトロイト）
Hebrew Benevolent Society, Galveston, Tex（ヘブライ共済会，ガルベストン）

※ NCJC第1回大会及び第4回大会議事録（National Conference of Jewish Charities 1900, 1907）では，当該団体名はThe Hebrew Benevolent Society, Galvestonと表記されている。

House of Israel Relief Society, Hot Springs, Ark.（イスラエルの家救済会，ホットスプリングス）

Hebrew Ladies' Benevolent Society, Indianapolis, Ind.（ヘブライ女性共済会，インディアナポリス）

Jewish Charity Association, Kansas City, Mo.（ユダヤ慈善協会，カンサスシティ）

Hebrew Benevolent Society, Little Rock, Ark.（ヘブライ共済会，リトルロック）

Hebrew Benevolent Society, Los Angeles, Cal.（ヘブライ共済会，ロサンゼルス）

United Hebrew Relief, Louisville, Ky.（ヘブライ救済連合，ルイヴィル）

※ NCJC 第 1 回大会－第 4 回大会議事録（National Conference of Jewish Charities 1900, 1902, 1904, 1907）では，当該団体名は United Hebrew Relief Association と表記されている。

United Hebrew Relief, Memphis, Tenn.（ヘブライ救済連合，メンフィス）

※ NCJC 第 1 回大会－第 4 回大会議事録（National Conference of Jewish Charities 1900, 1902, 1904, 1907）では，当該団体名は United Hebrew Relief Association と表記されている。

Hebrew Relief Association, Milwaukee, Wis.（ヘブライ救済協会，ミルウォーキー）

Hebrew Benevolent Society, Mobile, Ala.（ヘブライ共済会，モビール）

United Hebrew Charities, Montgomery, Ala.（ヘブライ慈善連合，モンゴメリー）

Hebrew Relief Society, Nashville, Tenn.（ヘブライ救済会，ナッシュヴィル）

Hebrew Benevolent Society, New Haven, Conn.（ヘブライ共済会，ニューヘヴン）

Touro Infirmary Association, New Orleans, La.（トゥーロ救護協会，ニューオーリンズ）

United Hebrew Charities, New York, N. Y.（ヘブライ慈善連合，ニューヨーク）

United Hebrew Charities, Philadelphia, Pa.（ヘブライ慈善連合，フィラデルフィア）

United Hebrew Relief, Pittsburg, Pa.（ヘブライ救済連合，ピッツバーグ）

Ladies' Hebrew Benevolent Society, Richmond, Va.（ヘブライ女性共済会，リッチモンド）

United Jewish Charities, Rochester, N. Y.（ユダヤ慈善連合，ロチェスター）

Jewish Ladies' Benevolent Society, St. Joseph, Mo.（ユダヤ女性共済会，セントジョセフ）

United Jewish Charities, St. Louis, Mo.（ユダヤ慈善連合，セントルイス）

Ladies' Hebrew Relief Society, St. Paul, Minn.（ヘブライ女性救済会，セントポール）

Jewish Relief Society, Salt Lake City, Utah（ユダヤ救済会，ソルトレイクシティ）

Eureka Benevolent Society, San Francisco, Cal.（ユーレカ共済会，サンフランシスコ）

Ladies' Hebrew Benevolent Society, Savannah, Ga.（ヘブライ女性救済会，サヴァンナ）

※ NCJC 第 1 回大会議事録（National Conference of Jewish Charities 1900）では，当該団体名は Hebrew Ladies' Benevolent Society と表記されている。

United Hebrew Charities, Washington, D. C.（ヘブライ慈善連合，ワシントン）

※ NCJC 第 1 回大会，第 3 回大会及び第 4 回大会議事録（National Conference of Jewish Charities 1900, 1904, 1907）では，当該団体名は The United Hebrew Charities と表記されている。

NCJC の第 1 回大会（First National Conference of Jewish Charities）は 1900 年 6 月 11 日から 13 日まで，イリノイ州のシカゴで開催された（資料 7 参照）。会議の構成団体は 40 団体であった。3 日間の大会のなかでは次のような報告等があった（抜粋）。

1 日目

「劣悪な住環境と貧困との関連」…Dr. Reitzenstein

2 日目

「貧困の原因と組織的な慈善の救済効果」…Dr. Frankel

「友愛訪問委員会報告」

①「友愛訪問」…Mrs. Haas

②「友愛訪問の倫理」…Dr. Hirsch

③「友愛訪問員」…Miss Marks

④「友愛訪問員の予防的慈善としての要因」…Dr. Frankel

「公と私の慈善の協同」…Dr. Henderson

「現代の博愛における個人の立場」…Dr. Hirsch

3 日目

「小都市におけるユダヤ慈善の問題点」…Rev. Dr. Calisch

第 2 回大会（Second Conference of Jewish Charities in the United States）は 1902 年 5 月 26 日から 28 日まで，ミシガン州のデトロイトで開催された。会議の構成団体は 53 団体であった。3 日間の大会のなかでは次のような報告等があった（抜粋）。

1 日目

「ユダヤ農工業援助協会」…Mr. Kahn（同協会マネージャー）

「農業――貧困ユダヤ人の援助に最も有効な方法」…Rabbi Levy（シカゴ・ユダヤ農業援助協会会長）

2 日目

「扶養児童」

①「委員会報告」…Dr. Frankel（ユダヤ慈善連合会長）

②「マサチューセッツにおけるユダヤ人児童の寄宿」…Mr. Mitchell（ボストン・ユダヤ慈善連合会長）

③「フィラデルフィア孤児保護協会」…Dr. Bernheimer

④「青少年の非行と保護観察官」…Mrs. Solomon（ユダヤ女性評議会

会長）

「肺病」

①「全米ユダヤ病院」…Dr. Grabfelder（院長）

②「ベッドフォード・サナトリウム」…Dr. Herbert（医長）

③「ルイジアナの肺結核とユダヤ人」…Rabbi Leucht（トゥーロ診療所副院長）

3 日目

「地域団体の国際事業」…Mr. Sulzberger（ユダヤ慈善連合役員）

「ユダヤ人の間でのセッツルメント事業」…Rabbi Gries

第 3 回大会（Third Biennial Conference of Jewish Charities in the United States）は 1904 年 5 月 24 日から 27 日まで，ニューヨーク市で開催された。会議の構成団体は 79 団体であった。4 日間の大会のなかでは次のような報告等があった（抜粋）。

2 日目

「救済の妥当性」…Mr. Lowenstein（ユダヤ慈善連合副会長）

「非熟練者をどのように支援するか」

①「子どものいる女性」…Mrs. Einstein（インマヌエル婦人会会長）

②「職を持たない男性」…Mr. Kahn（ユダヤ農工業援助協会マネージャー）

「理想的な孤児院」…Mr. Heyman（ユダヤ寡婦・孤児救護協会会長）

3 日目

「非行少女」…Miss Stone

「少女への予防」…Dr. Lubitz（レクリエーションルーム管理者）

「イーストサイドの予防事業」…Dr. Blaustein（教育同盟会長）

第 4 回大会（Fourth Biennial Session of the National Conference of Jewish Charities in the United States）は 1906 年 5 月 6 日から 8 日まで，フィラデルフィア市で開

催された。会議の構成団体は124団体であった。3日間の大会のなかでは次のような報告等があった（抜粋）。

1日目

「救援統計によって示された依存の持続性」…Dr. Bogen

「ユダヤ人児童の里子」…Dr. Bernstein

「イギリスとドイツの孤児保護のための小舎制計画」…Rabbi Peiser

「ユダヤ人非行児童」…Mr. Younker

「就労女児ホーム」…Miss Sommerfeld

2日目

「宗教団体への国家の援助」…Prof. Loeb

「高齢及び虚弱者ホーム」…Mr. Heyman

「児童制度」…Mr. Lowenstein

「農業」

①「ハーシュ男爵基金」（Baron de Hirsch Fund）…Mr. Benjamin

②「農業セッツルメント計画」…Mr. Rich

③「農業――ユダヤ人貧困者の損ねた経済状態を整える最も効果的な方法」…Rabbi Levy

④「南部における農業セッツルメントの可能性」…Dr. Leucht

このように，全米ユダヤ慈善会議の大会参加構成団体数は，第1回大会の40団体から，第4回大会には124団体（うち個人参加2名）に増加している（資料8参照）。それら4回の大会のテーマをみると，貧困問題と児童の問題が発表テーマの大半を占め，それらが大きな課題であり関心事となっていたことがうかがえる。サムエル・コーズ（Samuel C. Kohs）が，近代ユダヤ慈善の諸団体の初期の仕事の仕方は，ユダヤ的価値をそのまま保守する方法で，ユダヤ系クライエントのみを対象にしてきたとしているが（Kohs 1966 : 72-73），全米ユダヤ慈善会議の第1回から第4回大会までの発表テーマをみると，その支援の対象はコーズの指摘にあるように，主に同胞（ユダヤ人）であったことが分かる。

NCJCは，その後1919年に名称を全米ユダヤ・ソーシャルサービス会議（National Conference of Jewish Social Service ＝ NCJSS）に変更し，1924年には機関誌『季刊ユダヤ・ソーシャルサービス』（*Jewish Social Service Quarterly* = *JSSQ*）を創刊した。1937年には，団体の再度の名称変更を行い，全米ユダヤ社会福祉会議（National Conference of Jewish Social Welfare = NCJSW）となった。さらに，1951年にNCJSWは名称を変更し，全米ユダヤ公共サービス会議（National Conference of Jewish Communal Service = NCJCS）となった。その5年後に*JSSQ*誌は，タイトルをユダヤ公共サービス雑誌（*Journal of Jewish Communal Service* = *JJCS*）に変更し現在に至っている。団体の名称変更に伴い，彼らの支援活動の呼称もcharity（慈善）から，social service（ソーシャルサービス），social welfare（社会福祉），communal service（公共サービス）へと変わっていった[2)]。

ロバート・モリス（Robert Morris）とマイケル・フロインド（Michael Freund）が編集している『合衆国におけるユダヤ教社会福祉の動向と論点，1899–1958』（*Trends and Issues in Jewish Social Welfare in the United States, 1899–1952.*）は，NCJCSの1899年から1958年までの歴史を総括したものであるが，そのなかでNCJCSをとおして見たアメリカのユダヤ教社会福祉の歴史（慈善から公共サービスの時代までの歴史）を次の4期に分けている（Morris, R., Freund, M. 1966）。

1899–1919年「移民の調整期」
1920–1929年「アメリカ・ユダヤ共同体の成熟期」
1930–1945年「経済的及び政治的挑戦期」
1946–1958年「強化期」

これらの区分をみると，アメリカのユダヤ教社会福祉の歴史は，移民として入植してきたユダヤ人たちが，アメリカ社会のなかで自らの安定的立場を

2）1951年の機関名変更以降，ユダヤ教ソーシャルワークを同機関では公共サービス（communal service）と呼称している。

築くための活動の展開過程であったともいえよう。

まとめ

近代アメリカのユダヤ慈善思想は『ユダヤ教礼拝合同祈禱書』（The Central Conference of American Rabbis 1946）にみるように，マイモニデスの慈善観を継承している。ユダヤ民族は過去の歴史において長いディアスポラ（離散）を体験しているがゆえに，同胞に対する救済の意識やコミュニティ内の絆は強く，アメリカでは1784年創設のヘブライ共済会を嚆矢として，1927年時点で2,957の社会奉仕団体が全米各地に存在していた。そのなかで，とくに1893年に設立された全米ユダヤ女性評議会は，迅速に全米及びカナダに活動のための支部を設け，それぞれの支部をネットワークで結び，ユダヤ児童教育やユダヤ人女性の保護及び自立等に大きく貢献した。また，ブネイ・ブリットのように，その活動範囲がアメリカ国内にとどまらず世界各地へ広がっていった団体も生まれた。1899年にはアメリカのユダヤ慈善団体の統括組織として全米ユダヤ慈善会議が創設された。それにより慈善（チャリティ）をはじめとして，その後のユダヤ教ソーシャルサービス，ソーシャルウェルフェア，さらに公共サービスへと向かう，ユダヤ教ソーシャルワークを今日に至るまで牽引している。

参考文献

Bogen, Boris D.（1917）*Jewish Philanthropy: An Exposition of Principles and Methods of Jewish Social Service in the United States.*, The Macmillan Company.

Campbell, M., Wirtz, W.（1943）*The First Fifty Years: A History of the National Council of Jewish Women 1893–1943.*, National Council of Jewish Women.

Central Conference of American Rabbis（ed.）（1946 newly revised ed.）*The Union Prayerbook for Jewish Worship, Part II.*, Central Conference of American Rabbis.

Dobkowski, Michael N.（ed.）（1986）*Jewish American Voluntary Organizations.*, Greenwood Press.

Kohs, S. C.（1966）*The Roots of Social Work.*, Association Press.（= 1989, 小島蓉子・岡田藤太郎訳『ソーシャルワークの根源――実践と価値のルーツを

求めて』誠信書房。）

Levinger, Lee J.（1930, nineteenth ed. 1959）*A History of the Jews in the United States.*, Department of Synagogue and School Extension of the Union of American Hebrew Congregations.（= 1997, 邦高忠二・稲田武彦訳『アメリカ合衆国とユダヤ人の出会い』創樹社。） ※翻訳書は原書の初版を底本としている。

Maimonides, Moses / Makbili, Yohai（chief ed.）（2009）*Mishneh Torah.*, Or Vishua Publications.

McCord, David J.（1840, 2012）*The Statutes at Large of South Carolina.*, Repressed Publishing.

Morris, R., Freund, M.（eds.）（1966）*Trends and Issues in Jewish Social Welfare in the United States, 1899–1958.*, Jewish Publication Society of America.

National Conference of Jewish Charities（ed.）（1900）*Proceedings of the First National Conference of Jewish Charities in the United States: Held at Chicago, ILL., June 11th, 12th and 13th, 1900.*, Robert Clarke Company.

National Conference of Jewish Charities（ed.）（1902）*Second Conference of Jewish Charities in the United States: Detroit, Michigan, May 26th to 28th, 1902.*, Press of C. J. Krehbiel & Co.

National Conference of Jewish Charities（ed.）（1904）*Third Biennial Conference of Jewish Charities in the United States: Held in the City of New York, May 24th to 27th, 1904.*, Press of Philip Cowen.

National Conference of Jewish Charities（ed.）（1907）*Fourth Biennial Session of the National Conference of Jewish Charities in the United States: Held in the City of Philadelphia, May 6th to 8th, 1906.*, Press of Stettiner Bros.

National Council of Jewish Women（ed.）（1894）*Papers of the Jewish Women's Congress: Held at Chicago, September 4, 5, 6 and 7, 1893.*, Jewish Publication Society of America.

National Council of Jewish Women（ed.）（1897）*Proceedings of the First Convention of the National Council of Jewish Women: Held at New York, Nov. 15, 16, 17, 18 and 19, 1896.*, Jewish Publication Society of America.

Schneiderman, Harry（ed.）（1928）*The American Jewish Year Book*, Vol. 30（1928–1929）., Jewish Publication Society of America.

Schneiderman, Harry（ed.）（1929）*The American Jewish Year Book,* Vol. 31（1929–1930）., Jewish Publication Society of America.

Tobias, Thomas J. (1965) *The Hebrew Benevolent Society of Charleston, S. C. Founded 1784: The Oldest Jewish Charitable Society in the United States*., Hebrew Benevolent Society of Charleston.

第2章

ユダヤ慈善の近代化

改革派ユダヤ教とハンナ・ソロモンの先駆的活動

はじめに

今日の社会福祉は，歴史的には，慈善及び慈善事業（あるいは博愛及び博愛事業）から社会事業を経て社会福祉へと発展してきた。ユダヤ慈善では，ミシュナやタルムードの慈善観がモーセス・マイモニデス（Moses Maimonides 1135-1204）によって体系化され，近現代のユダヤ教ソーシャルワークの価値を形成してきた。ユダヤ慈善の伝統的な慈善観や価値観が，宗教に依存しない一般のソーシャルワークと共存するために，ときの実践家や研究者らによる慈善の近代化に向けた努力があった。

19世紀末から20世紀初めにかけて，アメリカで推し進められたユダヤ慈善の近代化で，その先駆けとして重要な役割を果たしたハンナ・ソロモン（Hannah G. Solomon 1858-1942）と，彼女の活動の擁護者であり自らも社会改良家としての手腕を発揮したシカゴ・シナイ教会のラビ（ユダヤ教指導者）エミール・ハーシュ（Emil G. Hirsch 1851-1923）は，どちらもドイツ系譜の改革派ユダヤ教を思想的な背景に持っていた。彼らはシカゴを拠点として女性の社会活動への参画を推し進め，その活動の影響は全米に及んだ。

ハンナ・ソロモンは1893年に全米ユダヤ女性評議会（National Council of Jewish Women）を創設した人物である。この団体は，ユダヤ人女性の，宗教，博愛（慈善），教育への参画を推し進めることを目的としていた。彼女の家系はドイツ系であり，父親の代にアメリカに移民として渡ってきた。

エミール・ハーシュの家系もドイツ系であり，父親の代にアメリカに移民として渡ってきた。彼はドイツ改革派ユダヤ教の背景を持つラビであった。彼の宗教的「正義（justice）」観は，社会正義（social justice）への具現化を信条としていた。それだけならば，伝統的なユダヤ教の慈善観との相違が判然としないが，彼の場合は，宗教と社会通念とが乖離することをよしとしない，革新的な捉え方であった。

本章では，ユダヤ慈善の近代化の土壌となったドイツ系譜の改革派ユダヤ教を軸に，先駆けとなったハンナ・ソロモンの活動を中心に，エミール・

ハーシュとの関わりや，国際女性評議会（International Council of Women）による女性の連帯等をとおして，慈善の近代化へ歩みだした初期の状況を考察する。

本論に入る前に，ここでユダヤ慈善の近代化の意味について確認しておく必要があろう。慈善の近代化とは，救済事業において宗教団体が重要な役割を担っていた宗教的救済から，宗教に依拠しない社会的な救済へと移行する過程における慈善団体の近代的対応と捉えられる。19世紀後半から20世紀前半にかけておとずれた慈善の効率化と社会化の潮流のなかで，ユダヤ慈善もそれに呼応していくことになる。

1　ハンナ・ソロモンの生い立ちと社会活動への芽生え

ハンナ・ソロモンは，アメリカにおける，ユダヤ人女性による社会活動の草分け的存在として知られている。しかしながら，ハンナ・ソロモンの社会活動に関するまとまった先行研究はまだない。彼女の人物史については自伝が存在し（Solomon 1946），また彼女とその家族の記録は彼女が所属していたシカゴ・シナイ教会関係資料や（Brinkmann 2012 及び Felsenthal 1898），全米ユダヤ女性評議会関係資料に散見される（National Council of Jewish Women 1943 及び Sewall 1909）。

ハンナは，シカゴで商いを営んでいたマイケル・グリーンバウム（Michael Greenebaum 1824–1894）とその妻サラ（Sarah）の，10 人の子どもの第 4 子として 1858 年 1 月 14 日に誕生した。彼女の家系は改革派ユダヤ教[1]に属していた。マイケル・グリーンバウムはドイツ出身で，20 歳の時に単身アメリカに渡り，1847 年にシカゴに来た。マイケルは 1848 年にドイツにいた彼の

1）ユダヤ教における改革運動は，彼らがヨーロッパ社会へ入っていく同化の過程において，ユダヤ法体系と並びうる個人の宗教意識の重視として起こった。改革派ユダヤ教の最初の礼拝は，1810 年から 20 年にかけて，ドイツのゼーゼン（Seesen　1810 年），ベルリン（Berlin　1815 年），ハンブルク（Hamburg　1818 年）で，信徒の発議により，プロテスタント・キリスト教会を範とする歴史的批判的観点に立った近代的礼拝形式が導入されたこととされている。それらは，①聖書解釈の説教，②伝統的な進行の代わりに合理的に十分吟味された説教，③祈禱先導者主導の単調な歌の代わりに訓練された聖歌隊とオルガンの導入，④ヘブライ語教育を受けてこなかった女性を考慮したその土地の原語による祈禱，等であった。

ドイツにおけるユダヤ教改革運動は，1830 年代ごろより学問的に，また思弁的神学により深まりをみせた。指導者にはアブラハム・ガイガー（Abraham Geiger 1810–1874）らがいた。1840 年代は，改革派の指導者たちは礼拝用語をヘブライ語とドイツ語の両方にすることに大方賛成の立場を示していた。安息日については，まだ土曜日を擁護する考えが強かった。また，ユダヤ人女性の宗教的な開放（男性との間の差別の解消）が提案されていた。1840 年代後半ごろより，急進的革新思想のグループにより，日曜日にドイツ語のみによる礼拝が行われるようになった。

兄エリアス（Elias 1822-1919）と弟ヘンリー（Henry 1833-1914）もシカゴに呼び寄せている。彼らはシカゴに住みついた最初のドイツからの移民グループの一員であった。彼ら三兄弟は，シカゴで最初につくられた改革派のシカゴ・シナイ教会（Chicago Sinai Congregation）の創建に関わった[2)]。マイケルとサラ・スピーゲル（Sarah Spiegel）は1848年に結婚している。

マイケルは，ユダヤ人の安息日を，アメリカの慣習に適応させるために，土曜日から日曜日に移動することを提唱したほど，急進的な革新思想の持主でもあった。一家はユダヤ人としての生活を堅持する堅実な中流階層に属し，シカゴ・シナイ教会の会員であった。

ハンナは高等学校まで，宗教学校と公立学校の両方で学んだ。彼女の社会活動は，1876年に彼女が姉のヘンリエッテ（Henriette　グリーンバウム家の長女）と共に，名声のあったシカゴ女性クラブ（Chicago Woman's Club　以下，CWCと表記する）[3)]の会員に推挙されたことに始まる（会員になったのは1877年）。CWCのモットーはラテン語の"Humani nihil a me alienum puto"（「人間に関わることで自分に無縁なものは一つもない」）で表現され，女性や子どもの人権擁護と保護を活動の特徴とする団体であった。とくに性暴力被害女性の保護に熱心に取り組んだ。そのほか，一般病院，精神科病院，救貧院，刑務所の調査等も行った。

2）シカゴ・シナイ教会は，ベルンハルト・フェルゼンタール（Bernhard Felsenthal 1822-1908）の指導のもと，ドイツの改革派ユダヤ教の流れをくむ26人の移民によって設立された。教会の創設は1861年4月7日であり，会堂の献堂式は1861年6月21日に行われた。なお，congregationは会衆と訳されるが，日本語では宗教団体の呼称として一般的な表現ではないと思われるので教会と訳している。

3）シカゴ女性クラブ（CWC）は，1876年2月17日に初代会長となったキャロライン・ブラウン（Caroline M. Brown）ら21人の会員によって組織された。その後，1890年までに会員数は400人を超えた。ハル・ハウス（Hull House）の創設者にして，のちにノーベル平和賞を受賞したジェーン・アダムズ（Jane Addams 1860-1935）も1889年に加入している。設立当初の名称はThe Chicago Women's Clubであったが，1895年10月23日にChicago Woman's Clubに改称されている。ハンナの姉のヘンリエッテは1884年から85年までCWCの会長職を務め，1916年に出版された『シカゴ女性クラブ史』（*Annals of the Chicago Woman's Club: For the First Forty Years of its Organization, 1876-1916.*）をアメリー・ジェローム（Amalie H. Jerome）と共に編集している。

ハンナは1879年に実業家のヘンリー・ソロモン（Henry Solomon）と結婚し，3人の子ども，ハーバート（Herbert），ヘレン（Helen），フランク（Frank）を産んだ。彼女は子育てと家庭を守ることに自分のすべてを捧げ，結婚して10年間ほどは社会活動に関わっていなかった。

ハンナを再び社会活動に，とりわけ全米ユダヤ女性評議会（National Council of Jewish Women）創設の構想に導いたきっかけは，CWCとの関わりからであった。1890年にシカゴで著名なポッター・パーマー（Potter Palmer）夫人ベルタ・パーマー（Bertha H. Palmer）と，チャールズ・ヘンロティン（Charles Henrotin）夫人エレン・ヘンロティン（Ellen M. Henrotin）が，近く開催される世界コロンビア博覧会（World's Columbian Exposition　通称「シカゴ万博」1893年5月1日–10月30日）において，ユダヤ人女性部門（Jewish Women's Section）の取りまとめを依頼するためにハンナに接触してきたのである。二人はともにCWCの会員でもあり，ハンナとはCWCをとおしてすでに面識があったからである。ベルタ・パーマーとエレン・ヘンロティンは，展覧会の女性部門を担当していた。ハンナは，夫や子どもたちの後押しもあり，世界コロンビア博覧会の一環として開催される万国宗教会議（World's Parliament of Religions）の一部門で，ユダヤ人女性の代表を務めることに同意した。しかし，そのような大規模な場で代表を務めるというのはハンナにとって未知の経験であり，彼女にはそのための知識も折衝のための関係機関・団体のリストもなかった。そこでハンナは全米のラビ90人に個人的な手書きの書簡を送った。ハンナはその応答に励まされ，彼女は1892年には，この会議を恒久的な全国組織の始まりにすることを決意した。その後，1893年9月にシカゴで開催されたユダヤ女性大会（Jewish Women's Congress）において，知名度の高かったヘンリエッタ・ゾールド（Henrietta Szold）[4]，ジョセフィン・ラザロ（Josephine Lazarus），ミニー・ルイス（Minnie D.

4)　ヘンリエッタ・ゾールド（1860–1945）は，1912年にハダッサ・アメリカ女性シオニスト機構（Hadassah Women's Zionist Organization of America）を創設した人物である。ハンナ・ソロモンとはNCJW創設をきっかけにして，生涯にわたり交流があった。ゾールドのNCJWでの講演は，1893年の創設時のほかにも，1896年1月26日に，

Louis）らが講演し，ユダヤ女性の全国組織を支持した。

NCJW ボルティモア支部で，「ユダヤ思想の 100 年間」（A Century of Jewish Thought）と題した講演を行っている。

2 全米ユダヤ女性評議会の創設と活動

1893年9月4日から7日までの4日間，シカゴで開催されたユダヤ女性大会において発足した全米ユダヤ女性評議会（National Council of Jewish Women 以下，NCJWと表記する）で，ハンナが会長に推挙された。彼女は1893年から1905年までNCJWの会長職を務めた。NCJW発足時の会員数は93人であったが，その後，会員数は飛躍的に伸びていった。それはNCJWの運営の特徴である組織化の推進とも関連していた。全米及びカナダに張り巡らされた支部の数は，1896年に開催されたNCJW第1回大会（ニューヨーク）時には，すでに全米に50の支部とカナダに2つの支部があった[5)]。

ハンナは，ユダヤ人コミュニティの公共問題に対して，女性の発言権の道備えをし，社会改良運動を主導した中流階層のユダヤ人を代表する人物であった。彼女は常に自分はユダヤ教とユダヤ的価値の熱心な擁護者であるとの自覚を持ち，慈善や教育は宗教的な義務の延長と考えていた。その表れとして，彼女はNCJWではユダヤ人女性の行動における変革を主導したが，自身の家庭においては，しっかりとユダヤ人女性としての義務を果たそうとしていた。

NCJWは女性の宗教，博愛（慈善），教育への参画を推進することを目的とした団体である。それについて，NCJW創設当初の委員会で審議され決定した団体の目的について，ハンナ自身が記したものによると，(1) 宗教，博愛（ハンナの表現はcharity「慈善」ではなくphilanthropy「博愛」である）や教育等の仕事に興味を持つ女性たちを団結させる方法を模索し，これらの分野での問題点を解決するための実用的な手段を構築する。(2) ユダヤ教の基

5) NCJWの支部の数は，第1回大会以後は，1900年には47の支部（sections ＝活動拠点）が置かれ会員数は4,785人であった。その後，支部の数は，1905年は72で会員数は10,000人を超え，1943年には213支部（38州に201支部，コロンビア特別区に1支部，カナダに11支部），1954年には245支部に約102,000人の会員を擁した。

本的な原理の研究（ユダヤ人の歴史，文学，慣習，それが自身の歴史や世界史に与えた影響）について研究する。(3) この研究で得られた知識を安息日学校（Sabbath School）の改善や社会改革に取り入れる。(4) いつでもどこでも誰に対しても，影響力を持つ人の利益と支援を保証し，迫害を防止する手段を講じる（Solomon 1946 : 90），としている。

そのために，会員が活発にユダヤ人コミュニティにおける役割を担うことを奨励しながら，ユダヤ人女性でありかつ市民である会員の教育的支援に取り組んだ。また，とくに移民ユダヤ人の貧困者救済を重視した。

最初の 10 年間の主な活動をあげると，①安息日学校 14 か所の設置，②戦時体制下のアメリカ軍への 1 万ドルと物資の寄贈，③ 47 か所の学習サークルと 11 か所の図書館の設置，宗教学校への支援，等であった。それらは単なる施与というだけではなく，例えば肢体不自由児の団体への支援では，訓練学校の模範となるマニュアル作りや職業訓練にまで及んだ。このように，事業の継続性を意識した教育と訓練を，NCJW は初期のころから重視していた。

しかしながら，安息日の考え方を巡って，ハンナと大部分の NCJW 会員との間に見解の相違が生じた。ハンナは，アメリカの標準に合わせ，ユダヤ人コミュニティ内で，より大きな安息日の順守を促す手段として，土曜安息日を日曜安息日に移動させる案を提示し，改革派の間で変更推進の運動を起こした。ハンナの考えは，NCJW のなかの保守派のユダヤ教信仰を持った会員や正統派の会員のみならず，改革派の会員のなかからも支持されなかった。多くの会員は，土曜日の安息日順守は揺るがしてはならないと考えたからである。

この問題が引き金となって，多くの会員はハンナのリーダーシップに反対し，彼女を会長職から引き下ろそうとした。1896 年の NCJW 第 1 回大会においても，反対勢力の抵抗運動は激しかった。この一件で，1905 年にハンナは次期会長職への再指名を辞退した。

ハンナは 1905 年に会長職を辞し，第 2 代会長にパウリン・ローゼンバーグ（Pauline H. Rosenberg）が就いた。ローゼンバーグの任期最終年の 1908 年に，NCJW 規約（Constitution of Council of Jewish Women）が作成された（資料 9

参照)。

当該規約の前文には,「われわれユダヤ人女性は,親密な交わり,思想と目的のより大きな団結,そしてより優れた業績が広範な組織の結果としてもたらされると確信している。したがって宗教,博愛(慈善),教育の分野で人類の最善かつ最高の利益を促進するため実務者の連合体として結束する」とあり(National Council Jewish Women 1908 : 5),目的には,「この組織の目的は,研究主題を提供することにより,ユダヤ教のためにさらに団結した努力をすること,有機連合によってユダヤ人女性のより緊密な関係をもたらすこと,コミュニケーションや共通の関心のある仕事を遂行することについての思考や手段を交換するための媒体を提供すること,宗教,博愛(慈善)及び教育をとおして社会改良の取り組みをさらに統合すること,である」とある(National Council Jewish Women 1908 : 6)。

1908年規約の前文と目的のなかにそれぞれ表記されている博愛(philanthropy)は,この団体の場合は活動の動機がヒューマニズムではなく宗教に基づくものであるから,本来はcharity(慈善)とすべきである。しかし,1893年にハンナたちによって作成された団体設立の目的のなかで用いられているphilanthropyの文言の場合もそうであるが,その時代には,まだcharityとphilanthropyを区別せずに用いることがあった。しかしながら,1893年のNCJW創設時の徽章にはFaith and Humanity(信仰と人間性)と記されていることや,後述するが,ハンナの国際女性評議会(International Council of Women)での活動を考えれば,彼女が宗教的な慈善事業の枠を越えた博愛事業を意識していたとしてもおかしくはない。1908年規約を,NCJW創設当初の1893年にハンナたちが審議し決定した目的と比較すると,1908年規約には「ユダヤ教のために」(in behalf of Judaism)とあり,ユダヤ教の強調がみられるが,女性の社会進出を希求すること自体に大きな変化は生じていない。

NCJW結成後の数年間は,1895年にシカゴで発刊されたアメリカのユダヤ人女性を対象とした最初の英語雑誌であった*The American Jewess*(『アメリカのユダヤ人女性』)(月刊)が,1895年4月の創刊号から1899年8月の最終号まで,NCJWの活動や定期大会の記事及び会員のレポート等を掲載し宣伝の役目を果たした。創刊号にはエミール・ハーシュも“The Modern Jewess”（「現代のユダヤ人女性」）の題目で寄稿し[6]，女性の社会活動への進出を賛辞している。

ハンナ・ソロモンとNCJWの関係で，ハンナの日曜安息日の提案に対するNCJW内部の反対勢力による攻撃は，ハンナが次期会長への再指名を辞退したことによって一応の終息をみたが，その後もハンナの社会活動にNCJWが団体として協力することはなかった。ハンナはNCJWの会長職を退いた年に，イリノイ女子職業学校（のちのパークリッジ女学校）で勤務した。彼女はそれからのち，ここでの活動を最も大事にした。彼女はほかにも，ユダヤ慈善連合（Associated Jewish Charities），シカゴ市民同盟（Chicago Civic Federation），イリノイ女性クラブ同盟（Illinois Federation of Women's Club）の役員の地位を得，そのほかいくつかの組織にもリーダーとして参加し続けた。また，彼女は女性市民クラブ（Women's City Club）の代表として，シカゴの廃棄物処理システムに関する問題を調査した。彼女の功績は女性たちから熱心な支持を得たが，NCJWはハンナの活動を正式に支持することはなかった。

ハンナは1913年に夫ヘンリーを亡くしている。彼女は1923年にパレスチナを訪問し，1920年からその地で医療・教育支援に専念していたヘンリエッタ・ゾールドと会っている。ハンナ自身はシオニストになることはなかったが，ヨーロッパからのユダヤ人の逃げ場としてのパレスチナでの支援事業を支えた。

6）Hirsch, Emil G.（1895）The Modern Jewess, *The American Jewess*, Volume 1, Issue 1, pp. 10-11.

3　シカゴ・シナイ教会とエミール・ハーシュ

(1) シナイ教会と日曜日礼拝

シナイ教会はドイツ改革派ユダヤ教の流れをくむ教会で，ハンナの父親マイケル・グリーンバウムらドイツからの移民たちによって建てられた（献堂式は1861年6月21日に行われた）。

エミール・ハーシュは1880年にシカゴ・シナイ教会の第4代ラビに就任した[7)]。彼のシナイ教会での在職期間は42年余り（1880–1923）であり，今日まで10代入れ替わったラビたちのなかで最も長い。彼が就任する以前は，初代ラビのベルンハルト・フェルゼンタールが3年間（1861–1864），二代目のアイザック・クロニック（Isaac Chronic）が5年間（1864–1869），三代目のカウフマン・コーラー（Kaufmann Kohler）が8年間（1871–1879）ラビを務めた。

シナイ教会で最初に日曜日礼拝を提案したのは第2代ラビ，アイザック・クロニックであった。それはアメリカで最初のユダヤ教の日曜日礼拝への言及であった。しかし実践には至らなかった。ドイツ出身のクロニックは，ドイツ改革派ユダヤ教の流れをくむ一人であった。シナイ教会で最初に日曜日礼拝が実践されたのは第3代ラビ，カウフマン・コーラーの在職中で

---

7)　エミール・ハーシュは，アメリカ合衆国における改革派ユダヤ教ラビの代表的存在であり，教育者，慈善事業家でもあった。1851年5月22日にルクセンブルクに生まれ，1866年に父親のサムエル・ハーシュと共に家族はアメリカに移住した。エミールは，1872年にペンシルヴァニア大学を卒業し，その後，ベルリン大学，ライプチッヒ大学で哲学と神学を学び（1872–1876）（1876年に博士号を取得），さらにベルリン高等ユダヤ学院（Hochschule für die Wissenschaft des Judenthums）でラビ学を修めた。その後アメリカに帰国し，1877年はボルティモア（Baltimore）のハル・シナイ教会（Har Sinai Congregation）で，1878–79年はルイヴィル（Louisville）のアダス・イスラエル教会（Adas Israel Congregation）で奉職した。1880年にシカゴ・シナイ教会から招聘を受け，シカゴに移り1880年から1923年までシカゴ・シナイ教会で奉職した。1923年6月7日没。

あった（1874年）。しかしそれは会衆の意向というよりはコーラーの主導によるものであった。当初の日曜日礼拝は土曜日礼拝を補うことを目的としていたが，じきにシナイ教会の中心的行事となった。当時，KAM（Kehilath Anshe Ma'ariv ＝ Congregation of the Men of the West（「西方人の会衆（教会）」）は，シナイ教会との合併を模索していたが，シナイ教会の日曜日礼拝は，KAMにとって克服することのできない障害となった。コーラーが推し進めたこの大きな改革は，シナイ教会を創建時から指導してきたKAMとの間に軋轢を生むことになった。結果的に彼の努力も礼拝出席の増加に結び付くことはなく，コーラーは1879年にラビを辞任した。1880年に四代目ラビに就任したエミール・ハーシュは，宗教者であると同時に教育者でもあり，また社会改良家として実務的な手腕を発揮した。彼はコーラーの改革を引き継ぎ，土曜日礼拝に加え日曜日礼拝を行った。すると会衆の出席は日曜日礼拝へと傾いていった。そのため，シナイ教会では，1885年から日曜日礼拝のみを行うようになった。

ハーシュの家系はドイツ系であり（資料10参照），彼の父親サムエル・ハーシュ（Samuel Hirsch）は，1815年6月8日，ドイツのタールファング（Thalfang）で生まれた。彼は1839年から41年までデッサウ（Dessau）でラビを務め，1843年から66年までルクセンブルクで主席ラビを務めた。彼は近代ヨーロッパのラビの第1世代であった。彼は1866年にペンシルヴァニア州フィラデルフィアの改革派教会クネセット・イスラエル（Reform Congregation Keneseth Israel）から招聘を受けたため，ヨーロッパでのポストを辞し家族と共にアメリカに移住し，そこで奉職した。1880年に彼はフィラデルフィアでのラビを辞職し，また息子のエミールも当時彼が務めていたケンタッキー州ルイヴィル（Louisville）のアダス・イスラエル教会（Adas Israel Congregation）のラビを辞め，ともに同年8月にシカゴに移り住んだ。そこでサムエルは息子エミールにラビ職を譲り引退し，エミールはシカゴ・シナイ教会のラビに就任した。

(2) エミール・ハーシュの慈善事業

エミール・ハーシュがシナイ教会で前任のコーラーから継承した日曜日礼

拝は，就任5年目にはユダヤ人，非ユダヤ人あわせて会衆は2,000人に達するようになり，シカゴで最大規模のユダヤ教会に成長した。ハーシュの活動はシナイ教会でのラビ職の務めにとどまらず，教育や慈善事業等，多方面に及んだ。次に，彼の公的活動の一部をあげる。

①シカゴ市長ジョン・ホプキンス（John P. Hopkins）によって，ハーシュはシカゴ公共図書館（Chicago Public Library）委員会のメンバーに任命された。彼は1885年から1897年まで，この委員会のメンバーを務めた。

②ハーシュは1888年にシカゴのウェストサイド（West Side）地区に，シカゴ・ユダヤ人職業訓練所（Jewish Manual Training School of Chicago）を創設した。この施設は主にロシアからやってくるユダヤ人移民の児童たちに教育と技術を獲得させるための学校であった。この学校から多くの専門教育を受けた児童が実社会へと巣立っていった。

③ 1891年にシカゴ大学が設立されたとき，学長ウィリアム・ハーパー（William R. Harper）は，ハーシュを初代のラビ文学と哲学の教授として招聘した。ハーシュは1892年からシカゴ大学神学院（Divinity School）で講座を担当した。

④ハーシュはユダヤ人女性の社会進出に関心を持ち，彼は1893年の世界コロンビア博覧会において，ハンナ・ソロモンがNCJWを創設するのを手伝った。彼は世界コロンビア博覧会に付帯する世界会議のひとつとして企画された万国宗教会議の，万国宗教会議全体委員会（General Committee on Religious Congress of the World's Congress Auxiliary）のメンバーの一人でもあった。

⑤ハーシュは1900年4月16日に，シカゴ・ユダヤ慈善連合（Associated Jewish Charities of Chicago）を創設した[8)]。この組織は社会的弱者に対し

---

8)　ユダヤ慈善連合は，その後，1912年12月23日に組織された保守派ユダヤ慈善同盟（Federated Orthodox Jewish Charities）と合併し，1923年1月1日にシカゴ・ユダヤ慈善団体（The Jewish Charities of Chicago）となった。合併後の新組織の主な支援

て，彼らが職を得て自立した生活を営むことができるようにサポートした。ハンナ・ソロモンはこの団体の役員を務めた。

⑥ハーシュは1915年にシカゴ・シナイ教会姉妹会（Chicago Sinai Temple Sisterhood）を創設した。この団体は精力的に活動し，ほかの姉妹会と共に，彼女らの社会活動はシカゴをはじめイリノイ州全体に影響力を持つ存在となった。その頃より，女性も法曹，医療，建築，エンジニアリング等の専門職に就き始めた。姉妹会の首席名誉会員はハル・ハウス創設者のジェーン・アダムズで，次席名誉会員はハンナ・ソロモンであった。

以上，ハーシュの公的活動の一端を列挙したが，ハーシュは自らの慈善事業を展開するにあたって，ユダヤ人以外の助言も取り入れながら進めている。その一例として，ハーシュと幾人かのユダヤ人の社会改良家たちは，ジェーン・アダムズの助言を得て，1893年11月にマックスウェル通りセッツルメント（Maxwell Street Settlement）を開所している。

シカゴ・シナイ教会が1912年にグランド・ブールバード47番街（Grand Boulevard 47th Street）に移転した際に，教会堂に隣接して建設されたシナイ・ソーシャルセンター（Sinai Social Center）についても記しておきたい。その施設は指導者であるハーシュの名をとってエミール・ハーシュ・センター（Emil G. Hirsch Center）とも呼ばれていた。そこの設立当初の暫定的なプログラムから，彼らの具体的な活動内容を知ることが出来る。

シナイ・ソーシャルセンターの目的は，ユダヤ人の社会的，教育的，文化的な市民センターをシカゴのユダヤ人に提供することであった。その施設には，大講堂，談話室，体育館，スイミングプール，遊戯室が完備されていた。用意されたサービスは，ユダヤ教に関しては，ユダヤ史と宗教の講義，その当時のユダヤ人の話題に関する講義，ユダヤ慈善の講義，ヘブライ語の学習，イディシュ文学の学習，児童のためのヘブライ語学校，聖書の学習，シナイ教会の堅信した青年を対象とした堅信者クラス，安息日学校の教師

領域は，家族福祉，医療的ケア，児童支援，高齢者支援，経済的支援であった。

を対象とした学習会が備えられていた。教育に関しては，モンテッソーリ学校と称する障害児のための特殊教育施設があった。文化面では，ミュージカル・コメディクラブ，児童のオーケストラ，成人のオーケストラ，グリークラブ等があった。娯楽関係では，成人が自由に集い語り合う自由フォーラム，シェークスピアの作品を学習しあうシェークスピア・クラブ，体操や水泳を行う体育クラブ等があった。定期的に遊戯会や裁縫教室も開催されていた（資料 11 参照）。

4　ハンナ・ソロモンと国際女性評議会

国際女性評議会（International Council of Women　以下，ICW と表記する）は，1888 年にワシントン D. C. で開かれた全米女性参政権協会（National Woman Suffrage Association）の集会において，世界各国の女性の地位向上を主目的として設立された。その時に，全米女性評議会（National Council of Women of the United States　以下，NCW と表記する）も立ち上げられ，NCW の方は 1893 年に ICW の支部となった。

ICW は 1888 年の設立集会以後，第 1 回大会が 1893 年に世界コロンビア博覧会において，世界女性代表者会議（World's Congress of Representative Women　以下，WCRW と表記する）と合同して，シカゴで開催された。ハンナはその準備段階の 1892 年に，WCRW のドイツ代表者数名を確保するためドイツを訪れている。その際にハンナは，ドイツにおける女性による社会活動の先駆者ジャネット・シュヴェリン（Jeanette Schwerin 1852–1899）と初めて面会している。その訪問で，ハンナに最も強い印象を与えたのは，14 歳から 20 歳の公立及び私立学校の女子生徒に対して，毎年開催されるさまざまな種類の社会奉仕活動の機会と訓練が，ドイツ全体に広がりをもって行われている様子を見聞したことであった。この 1892 年のドイツ訪問は，ハンナにとってもう一つの特別な意味を持った訪問であったことを，ハンナ自身が回顧している。それは，女性の「世界連盟という考え方に対する関心をドイツ女性に芽生えさせる」（Sewall 1909, 1910 : 181）ことであった。

1899 年にハンナは NCW の会計係に選出された。1904 年には ICW ベルリン大会の代表に推挙され，スーザン・アンソニー（Susan B. Anthony）とともにベルリンに派遣された。ハンナの役職は選挙管理委員長であった。彼女はドイツ語とフランス語を流暢に話したので，アンソニーの通訳も務めた。

1904 年の ICW ベルリン大会を含め，その前後の ICW ロンドン大会（1899 年），トロント大会（1909 年）は，国際ユダヤ女性評議会（International Council of Jewish Women　以下，ICJW と表記する）の設立に大きな影響を及ぼした。

ベルリン大会を含めそれら数回のICW大会で，ヨーロッパとアメリカのユダヤ人女性たちは相談を交わし，ICJW設立の構想を練っていたのである。その結実として，1914年のICWローマ大会において，ICJWの設立と，その会長にドイツのユダヤ女性同盟（Jüdischer Frauenbund）の代表を務めていたベルタ・パッペンハイム（Bertha Pappenheim）の就任が報じられた[9)]。

ICWの1904年ベルリン大会をとおして，ハンナは，のちにベルリン女子社会事業学校を創設（1908）するアリス・ザロモン（Alice Salomon）の，大会期間中のボランティア活動を見ることになる。ハンナは，1909年に出されたICWのベルリン大会報告書において，ベルリン大会の準備から大会期間中の，ザロモンの異彩を放った活動と貢献を高く評価している[10)]。

---

9)　ベルタ・パッペンハイム（1859-1936）は，ドイツの社会活動家，女性解放運動家であり，教育・職業の機会均等や政治的平等権に対するドイツの女性運動の要求をユダヤ人社会に転用した。彼女の活動目標は，女性のよりよき宗教的育成とユダヤ人の諸組織における女性の平等であった。そのための活動の拠点として，パッペンハイムは1904年にユダヤ女性同盟を設立し，1924年までその代表を務めた。

10)　Sewall, May W.（ed.）（1909, 1910）*The International Council of Women: From 1899 to 1904, Vol. II*, pp. 181-185参照。

5　ハンナ・ソロモンの活動とエミール・ハーシュ

ハンナ・ソロモンの功績の一つは，女性の組織的な社会活動に対する認識がまだ十分ではない時代にあって，しかも宗教的に種々の制約のあるユダヤ人女性が団体を創設し，全国規模の組織に成長させたことにある。

ハンナの社会活動を全米規模の認知度に推し進める転機になったのは，エミール・ハーシュの応援であった。その一つは，1893年のNCJW創設に関わるハーシュの指導であった。その後，もう一つの重要な出来事があった。ハンナはエミール・ハーシュから，初のユダヤ人女性講演者として，シカゴ・シナイ教会で話すように誘われた。その講演は，1897年2月14日（日曜日）の礼拝のなかで行われた。講演の題目は「ユダヤ女性評議会――その任務と可能性」であった[11)]。のちにハンナは自伝のなかで，「以前，ジェーン・アダムズがそこで話したことはあったが，ユダヤ人女性がユダヤ人の説教壇を占有することの特権をこれまでに与えられたのはそれが初めてであった。しかし，全米の礼拝堂で，ほかの重要な改革の場合のように，ハーシュ博士の例はこれにより追従されるようになった」(Solomon 1946 : 112）と，その講演の影響について記している。マスコミの反応については，ハンナの手元にあった講演翌日の地元新聞の切り抜きには，「これは，ハーシュ博士のシナゴーグだけが実現できる快挙であり，シナイ教会の信徒たちは，今までに誇りを持って行ってきたどのような革新的な取り組みよりも，この出来事が当該教会をユダヤ教原理主義と一線を画す快挙となることを予見した。ヘブライ（ユダヤ）世界は，シナイ教会とその指導者の話題で持ちきりになっている」(Solomon 1946 : 111-112）と伝えている。

ユダヤ教における女性聖職者観について，エミール・ハーシュは，女性がしっかりと聖職者として義務を果たすなら「ユダヤ人の説教壇を女性が占有

11）　この時の講演内容は，1897年2月27日発行の *The Reform Advocate* Vol. XIII. No. 2, pp. 25-28に掲載されている。

することに異論はない」[12]と述べている。したがって，礼拝のなかで一定の資格を有する女性を講演者に起用することは，ハーシュにとっては熟慮された判断ではあっても，例外的な判断ではなかったといえよう。このハーシュの判断は，宗教と社会通念とが乖離することをよしとしない，彼の革新思想の一面として理解できよう。

ハーシュはシナイ教会在職中の1891年から1923年まで，自ら編集・発行を手掛けていた週刊雑誌 *Reform Advocate*（『リフォーム・アドボケート』＝改革提唱者）にNCJWの活動を幾度となく紹介し，ハンナ・ソロモンも寄稿している。それによって，シカゴ・シナイ教会が取り組む慈善事業や，NCJWの活動も広く知れ渡った。

12）　Hirsch, David E.（1968）*Rabbi Emil G. Hirsch: The Reform Advocate*, p. 23 参照。

まとめ

ハンナ・ソロモンの社会活動の原点はCWCにあった。ハンナはそこで活動の方法等の知識や技術を習得し，そこでの活動経験をとおして彼女は女性の社会活動の可能性と展望を見出した。また，CWCでの活動は，ハンナを国際的な活動に導く役割を果たした。そのきっかけは，1893年の世界コロンビア博覧会での活動の機会を得たことにある。

世界コロンビア博覧会をユダヤ人女性の組織化の好機と捉えたハンナは，その機会を併せてNCJW創設の場ともした。ここに彼女の社会活動家としての技量を垣間見るが，それは決して彼女の力量だけがそれを可能にしたのではなかった。フェミニズムが国際的な広がりをみせてきていたのと，またアメリカで成長していたドイツ系譜の改革派ユダヤ教の革新思想が，彼女の活動を促す後ろ盾になってくれたことによる。とくにハンナにとって幸運だったのは，彼女が会員として所属していたシカゴ・シナイ教会のラビ，エミール・ハーシュとの出会いであった。ハーシュ自身も慈善事業の取り組みに熱心であり，とくに女性の社会活動の推進に関心を寄せていたからである。ハンナは改革派ユダヤ教における自身の活動をハーシュの指導によって為すことができた。つまりハンナにとって，ハーシュの指導は，自身の社会活動に対する精神的支えと承認をユダヤ教会から得たことになり，重要な転機になったといえる。

1893年にNCJWが創設されて，初期の10年間は，ハンナの団体内での指導力が最も行き渡っていた時期であり，また彼女の公的活動の全盛期でもあった。その頂点が1904年のICWベルリン大会におけるハンナの選挙管理委員長としての活動であった。ICWベルリン大会は，ユダヤ人女性の国際的な連帯を築く契機となった。彼女らの連帯は，情報の共有，精神的な支え，組織化を促し活動を前進させた。その結実が，1914年に設立されたICJWであった。このように，ICWの存在は，ユダヤ人女性に国際的な連帯の機会を与えたのであるが，1904年ベルリン大会において，ハンナがアリス・ザロモンのボランティア活動を評価したように，宗教を超えた女性たちの連帯をも喚起した。

ハンナの社会活動にとって常に模範的な存在となったのは，シカゴでハル・ハウスを中心にすでに慈善事業を展開していたジェーン・アダムズである。彼女はシカゴ・シナイ教会の慈善事業の一部で，助言者として，また協同者となって関わった。

ここで，ハンナと，彼女の社会活動を応援したシオニスト，ヘンリエッタ・ゾールドとの関係について述べておきたい。ハンナ自身はシオニストになることはなかった。したがってシオニストであったゾールドとの協同した活動はなかったものの，二人はともに改革派ユダヤ教徒という共通点と，女性の社会進出という目標で一致するものを持っていた。それは，ゾールドの1893年のNCJW設立大会での講演や，彼女が1896年にNCJWボルティモア支部（Baltimore Chapter）で行った講演（本章注4参照）からもうかがえる。

ハンナは1905年にNCJWの会長職を辞した後も，地道に社会活動に専念した。しかしながらNCJWとの間に生じた亀裂は修復することはなかった。その後は，NCJW設立の目的であったユダヤ人女性の，宗教，博愛（慈善），教育への参画の具現化を，彼女は当該団体をとおして実践する機会を逸したが，ユダヤ人女性の活躍を，第一次世界大戦から第二次世界大戦の時代の潮流のなかで見ることになる。ハンナの周辺では，彼女の支持者であったゾールドによって，パレスチナへの医療支援，ユース・アリヤー（Youth Aliyah）の福祉及び教育支援等が行われた。次世代には，ソーシャルワークの分野では，ヘレン・パールマン（Helen H. Perlman 1905–2004）やジゼラ・コノプカ（Gisela P. Konopka 1910–2003）らユダヤ人女性によって，ソーシャルワーク理論に関する貴重な研究がなされていく。

ユダヤ人女性の国際ネットワークは，ゾールドによるパレスチナへの医療，社会事業活動に代表されるように，イスラエル建国前後の社会活動や社会事業及び教育にも活かされる。なお，本章をとおして述べてきた，ハンナ・ソロモンと彼女を取り巻く団体，人物との関わりについては資料12を参照されたい。

参考文献

Barrows, John H.（ed.）（1893）*The World's Parliament of Religions: An Illustrated and Popular Story of the World's First Parliament of Religions, Held in Chicago in Connection with the Columbian Exposition of 1893*, 2 vols., Parliament Publishing Company.

Brinkmann, Tobias（2012）*Sundays at Sinai: A Jewish Congregation in Chicago*., University of Chicago Press.

Chicago Sabbath Association（1881）*Sunday as a Civil Institution under the Laws of Illinois and the Ordinances of the City of Chicago*., Chicago Sabbath Association.

Edinger, Dora（1968）*Bertha Pappenheim: Freud's Anna O*., Congregation Solel.

Felsenthal, Bernhard（1898, 2014）*The Beginnings of the Chicago Sinai Congregation: A Contribution to the Inner History of American Judaism*., Repressed Publishing.

Frank, Henriette G. and Jerome, Amalie H.（1916）*Annals of the Chicago Woman's Club for the First Forty Years of its Organization 1876–1916*., Chicago Woman's Club.

Hirsch, David E.（1968）*Rabbi Emil G. Hirsch: The Reform Advocate*., Whitehall.

Hirsch, David E.（ed.）（1977）*Theology of Emil G. Hirsch*., Whitehall.

Hirsch, Emil G.（1925）*My Religion*., Macmillan.

Hirsch, Myron（2003）*The Jewish Preacher: Rabbi Emil G. Hirsch*., Collage Books.

Ittenbach, Elmar P.（2014）*Samuel Hirsch: Rabbiner-Religionsphilosoph-Reformer*., Hentrich & Hentrich.

木原活信（1998）『J. アダムズの社会福祉実践思想の研究――ソーシャルワークの源流』川島書店。

Las, Nelly（1996）*Jewish Women in a Changing World: A History of the International Council of Jewish Women 1899–1995*., Hebrew University of Jerusalem.

Marcus, Jacob（1972）*Israel Jacobson: The Founder of the Reform Movement in Judaism*., Hebrew Union College Press.

Martin, Bernard（1952）The Religious Philosophy of Emil G. Hirsch, *American Jewish Archives*, Vol. IV, No. 2, pp. 66–82.

Meites, Hyman L.（1924, 1990）*History of the Jews of Chicago*., Chicago Jewish Historical Society and Wellington Publishing.

National Council Jewish Women（1908）*Constitution of Council of Jewish Women and Constitution for Senior Sections and for Sections of the Council of Jewish Juniors.*, National Council Jewish Women.

National Council of Jewish Women（1943）*The First Fifty Years: A History of the National Council of Jewish Women 1893-1943.*, National Council of Jewish Women.

岡田英己子（2012）「A. ザロモンの初期著作に見る社会政策提言の真意――1898 年～1908 年」『人文学報』（首都大学東京都市教養学部人文・社会系）第 454 号，pp. 21-47。

Olitzky, Kerry M.（1985）Sundays at Chicago Sinai Congregation: Paradigm for a Movement, *American Jewish History*, Vol. LXXIV, No. 4, pp. 356-368.

Olitsky, Kerry M., Sussman, Lance J., Stern, Malcolm H.（eds.）（1993）*Reform Judaism in America: A Biographical Dictionary and Sourcebook.*, Greenwood Press.

Olitzky, Kerry M.（1996）*The American Synagogue: A Historical Dictionary and Sourcebook.*, Greenwood Press.

Philipson, David（revised ed. 1967）*The Reform Movement in Judaism.*, Ktav.

Reinharz, Shulamit and Raider, Mark A.（eds.）（2005）*American Jewish Women and the Zionist Enterprise.*, Brandeis University Press.

Rogow, Faith（1993）*Gone to Another Meeting: The National Council of Jewish Women., 1893-1993*, University of Alabama Press.

Sewall, May W.（ed.）（1909, 1910）*The International Council of Women: From 1899 to 1904, Vol. II.*, International Council of Women.

Sinai Social Center（1914）*Sinai Social Center: Tentative Program 1914-1915.*, Ozark Press.

Solomon, Hannah G.（1946）*Fabric of My Life: The Autobiography of Hannah Solomon.*, National Council of Jewish Women & Bloch Publishing.

Vizetelly, Frank H.（1904）Hirsch, Emil Gustav, *The Jewish Encyclopedia*, Vol. VI, Funk and Wagnalls Company, pp. 410-411.

雑誌

Reform Advocate

The American Jewess

第3章

慈善の近代化形成期における ソーシャルワーク訓練学校

School for Jewish Communal Work における宗教性と同化をめぐって

はじめに

アメリカでは，1900年代初期にいくつかの社会事業従事者のための訓練校が開設された。最初期の学校では，1904年にニューヨークにニューヨーク博愛学校（New York School of Philanthropy）が設立され，同年ボストンではボストン・ソーシャルワーク学校（Boston School of Social Work）が，1907年にシカゴではシカゴ公民博愛学校（Chicago School of Civics and Philanthropy）が開校した。この時代は，それまでの慈善，博愛の時代から，社会事業へと移行した転換期でもある。

本章では，慈善の近代化形成期のアメリカ国内における，ユダヤ教のソーシャルワーク訓練校について，とくに1900年代初期にヨーロッパやロシアから多くのユダヤ人が入植していたニューヨークに設けられたユダヤ公共事業学校（School for Jewish Communal Work）[1)]の設立の背景と初期の運営状況及び養成内容の特徴をみていく。とくに移民ユダヤ人にとって課題であったアメリカへの同化について，同校が推し進めたコロンビア大学を中心とした周辺諸団体との連携関係をもとに考察する。そのなかで同時代の専門職ワーカーの待遇についても若干触れることになる。

アメリカで最初につくられたソーシャルワーク訓練校はニューヨーク博愛学校であった。同校は1898年にニューヨーク慈善組織協会（New York Charity Organization Society）によって始められた夏期博愛学校（Summer School of Philanthropy）を母体として，1904年に創設された当初1年課程の訓練校であった。1910年秋には教育年限が2年に拡大され，1917年には名称がニューヨーク・ソーシャルワーク学校（New York School of Social Work）と改称され

1）公共事業（communal work）の表現に関して，1900年代初期からのちのユダヤ教内では，対人援助を含む社会活動で「公共」を意味するコミュナル（communal）という表現が好んで用いられている。そこには，ユダヤ人固有の価値観，規範，伝統に基づく援助観からの進展があると理解される。

た。この学校は，1940 年にコロンビア大学ソーシャルワーク大学院となり今日に至っている。

一方，ユダヤ教では，1913 年にシンシナティに私設のユダヤ・ソーシャルサービス学校（School of Jewish Social Service）が設立され，ユダヤ教ソーシャルワークの理論と実践の構築が図られた。その方法としては，ヘブライ・ユニオン・カレッジとシンシナティ大学で 6 か月間の理論研究がなされ，次いでシンシナティの地方行政機関の支援を受けてフィールドワークが実施された。しかしながら，このプログラムは，募集，財政支援，研修後の配属の問題のため，じきに放棄された。そのような背景のなか，1916 年にサムソン・ベンダリー（Samson Benderly）の働きかけによって，ユダヤ公共事業学校が 4 年間の養成期間からなる専門職訓練校としてニューヨーク市内に設立された。ユダヤ公共事業学校は，その時代に設立された養成校のなかでは最も恒久的な施設としてみられており，その後のユダヤ教ソーシャルワーク大学院の重要なモデル校となった（Alexander and Speizman 1983 : 7）。

1　専門職養成の希求

メアリー・リッチモンド（Mary Richmond）は1897年7月にトロントで開催された慈善と矯正の全米会議（National Conference of Charities and Correction）において，実用的な博愛における訓練学校の必要性（The Need of a Training-school in Applied Philanthropy）と題して演説を行い[2)]，専門職訓練校の必要性とその訓練の範囲について提言している。訓練校の必要性に関しては，対人援助に従事する者にサービスの根底にある原理・原則を含む統一的な教育を施す必要があるとし，その訓練の範囲については，慈善団体の代表者たちへの専門教育が先決要件であるとしている。なお，リッチモンドのトロント演説の内容の一部は，1938年に大阪市社会部庶務課によって日本語に翻訳されている[3)]。

2）参考文献，Richmond（1898）を見よ。以下はその原稿の冒頭の部分である（筆者による訳出)。「慈善事業の運営に関するある新しいアイデアが合衆国で普及するようになり，慈善組織協会として知られる任意団体の設立に至ってからまだ20年ほどである。今問われているのは，教育のある若者たちをいかにして慈善団体の仕事を生涯の職とさせるかである。われわれは彼らを教育する必要がある。この20年間，われわれ慈善組織協会は慈善事業における訓練されたサービスを支持してきた。われわれは，少なくとも理論上はそれに全力で取り組んでいる。しかし訓練されたサービスへの需要を生むにはまだ十分ではない。需要を生み出したからには（そしてそれに対するわれわれの貢献は大きいといえるだろう)，その需要に対して供給できるよう努めなければならない。さらには，われわれは，あとに続く者たちにそれを実現する義務を負っているのであり，われわれ自身が経験の蓄積を築き上げた試行錯誤や失敗を彼らにはさせるべきではない。専門化が進んだ今日，料理人も，薬剤師もエンジニアも，図書館司書や看護師もみなその専門技術を教える学校があるが，慈善事業の従事者を養成する学校，あるいは私が『応用博愛学校』と呼びたいものは未だつくられていない」。

3）大阪市社会部庶務課（1938）『合衆国における社会事業教育について』11頁。そこに部分的に訳出されているのは，社会事業学校教育の必要性ということで，「一救済協会の代表者が養育院の院長と会談したとき自分達の仕事に横たわっている原理とか述語に附している色々の意味とかがお互いに相違していて，自分達が本当に言いたいリッチモンドの提言に呼応するかたちで，ニューヨーク，ボストン，シカゴに訓練校が開設されていった。その先陣を切ったのが1904年に設立されたニューヨーク博愛学校であるが，その発端になったのは，1898年にニューヨーク慈善組織協会が手掛けた夏期博愛学校であった。この夏期の講習会は年1回の6週間からなるもので，7年間継続して開催され，毎夏平均30名ほどの受講生を集めていた[4)]。講座の内容は，主としてソーシャルワーク経験のない学生を対象としてなされ，講義は理論と実習の二部に分かれていた。

一方，ユダヤ教では，モーセス・マイモニデス（Moses Maimonides 1135-1206）によってなされた慈善思想の体系化が，その後のユダヤ慈善の理念を形成していった[5)]。そのため，宗教的な価値観を有するユダヤ慈善は，少なくとも，1900年代初期の慈善の近代化の潮流に，初期段階では必ずしも呼

と思うことがチグハグになったことがある。もし慈善事業施設で社会的疾患を診断している人達に同一の基礎の上に立った約束や規約を与え，またすべてのサーヴィスの根底に横たわる原則を伝え得たならば人道主義などに基づく慈善よりもはるかにすぐれた成果が得られるであろうと思われる。社会事業学校は徐々に，併し確実にこういう約束や規約を従事員に与えるために作られなければならないのだと信ずる」。

次いで，社会事業学校の訓練の範囲についてということで，「私達は諸々の慈善が慈善の原則の認識の深化によって改善せらるることを感ずるけれども，先ずそれらの慈善団体の代表者達が他の従事員よりも優れた完全な知識を把握することが先決要件だと信ずる。従って社会事業施設に役立つことが多いという学校は広い基礎の上に立って専門家を育成することを心掛けなければならぬ」。

4）夏期博愛学校の初年度開校の記事が，1898年6月21日のニューヨークタイムズ紙7面に次のように紹介されている（筆者による訳出）。「実践博愛活動のクラスは，昨日の朝，慈善組織協会の会長，ロバート・フォレスト（Robert W. de Forest）によって編成された。クラスは6月20日から7月30日まで開講され，指導教員の推薦を受けた大学院生で，博愛活動を経験したことがある学生が受講することができる」。

5）マイモニデスは，1178年に聖書とタルムードにある律法や慣習等を体系化した『ミシュネ・トーラー』（*Mishneh Torah*）を完成させる。そのなかに「貧困者への施しの規定」の項目を設け慈善に関する内容を取りまとめ体系化した。その改訂版として，Maimonides, Moses / Makbili, Yohai（chief editor）（2009）*Mishneh Torah*, Or Vishua Publicationsがある。それは，今日に至るまでユダヤ教福祉思想の理論的な根拠とされている。

応していなかった。それはまた，ユダヤ人自身が民族的特徴を守ろうとする姿勢の表れでもあった。ソーシャルワークにおいては，とくに1950年代以降にソーシャルワークの価値という課題において，サービスをどれだけ民族的な枠を超えて展開すべきかの重要な選択を迫られることにもなる。

ユダヤ教ソーシャルワーク教育の初期段階には，通常シナゴーグ（ユダヤ教会）等の団体によって，アシスタントに対して行われるいくつかの形の講義形式によるものが中心で，教授法にはあまり手順はなかった。そのような状況にあって，専門職制を意識したワーカーの教育体制作りに向けた準備が進められていった。

2　ニューヨーク博愛学校

(1) 設立時の概要

ニューヨーク博愛学校は，開校年度の学校案内冊子『ニューヨーク博愛学校』(*The New York School of Philanthropy*) を1904年に出している (当該冊子に発行年の表記はないが，表紙に1904-1905年ハンドブック [Handbook for 1904-1905] とあることから，開校年である1904年に発行されたものと判断される)。全104頁からなるもので，同校の最初期の状況を知る格好の資料である。この学校は1898年から続く夏期博愛学校を継承発展させたものである。施設はイースト22番街 (East 22nd Street) のユナイテッド・チャリティ・ビルディング (United Charity Building) に置かれた。44人の講師陣のなかに，メアリー・リッチモンド (肩書は「フィラデルフィア慈善組織協会事務局長」，General Secretary Philadelphia Society for Organizing Charity) や，シカゴ・コモンズ (Chicago Commons) の代表者でシカゴにおける最初期の社会事業専門職養成に尽力したグラハム・テイラー (Graham Taylor) (肩書は「シカゴ神学院牧会神学・キリスト教社会学教授，シカゴ・コモンズ所長，シカゴ大学エクステンション学部ソーシャルワーカー学校長」，Professor of Pastoral Theology and Christian Sociology Chicago Theological Seminary, Warden Chicago Commons, Director School for Social Workers of the Extension Department University of Chicago) らも名を連ねている。

クラスは5つに分かれていた。クラス1は，職業としての社会貢献活動に1年以上従事し，社会サービスの方法に関する知識を向上させたい者。クラス2は，社会学，経済学，または類似した領域で最低1年間の実務経験のある大学等の卒業者。クラス3は，神学校，医学校，看護学校等の学生で，1科目以上の科目履修を希望する者。クラス4は，ボランティア・マネージャー，博愛 (慈善) 団体の会員及び関心のある者。クラス5は，そのほか，学校が入学を適当と認めた者，である。

この学校の学生のために，近隣の団体との提携でコロンビア大学が提供する拡大コースもあり，また教師を目指す学生のためには，ニューヨーク市内にある私立の女子リベラルアーツカレッジであるバーナード・カレッジ（Barnard College）での履修を含むコロンビア大学の特別コースを選択することができた。

学年暦は，秋に開始し翌年の夏に終了した（資料 13 参照）。カリキュラムは, 7 つのグループ（A～G）から構成されており（資料 14 参照），それらグループのなかには複数の科目が配置されていた（資料 15 参照）。グループ A, B, D は必修で，受講生はそれに少なくとも 2 つの選択科目を加え，1 年間で履修する必要があった。

(2) 開校 10 年後の状況

ニューヨーク博愛学校は，開設 10 年後の状況を記した冊子『ソーシャルワークの職種』（*Positions in Social Work*）を 1916 年に出している。全 55 頁からなるもので，ニューヨーク市内の社会組織における援助専門職の人数，給与，経験及び資格について報告している。この冊子は，ニューヨーク博愛学校が『ニューヨーク慈善要覧』（*New York Charities Directory*）の 1914 年版（Miller 1915）に記載されている社会組織の資料をもとに，1915 年の冬から春にかけてニューヨーク市内で行った調査報告書である。

そこには，18 項目の調査結果が報告されている。そのうち，ここでは本章のテーマである専門職養成との関連で次の 4 項目を取り上げたい。それらは，資料 16「368 の社会組織に雇用されている専門職ワーカーの数，組織の種類及び性別」，資料 17「社会組織における性別による専門職ワーカーの年間給与」，資料 18「社会組織における高等教育を受けた専門職ワーカーの年間給与」，資料 19「社会組織における高等教育を受けていない専門職ワーカーの年間給与」である。

資料 16 では，調査対象者 3,968 人のうち，制度的事業に占める児童施設従事者の割合は 51.3%と半数を占めている。ほかの私的事業に占める児童関係従事者は 24.5%であり，児童救済支援のニーズの高さがうかがわれる。資料 17 では，数値のばらつきの状況から，年俸制の専門職ワーカーの性別による年収に目立った差は見てとれないが，年収 2,400 ドル以上では，ほとんど男性が占めているという特徴はある。資料 18，資料 19 では，専門職ワーカーの年間給与で，高等教育を受けた男女合わせた平均給与グループは約 1,000–1,200 ドルに位置するのに対し，高等教育を受けていない男女合わせた平均給与グループは約 800–900 ドル辺りに位置している。もちろん，教育の程度がこれらの違いを生む唯一の要因であるとの主張はない。大学院修了者の人数は少ないが，資料を見る限りでは，大学院修了が年間給与に優位に反映していることを示唆するものはない。

これまで述べてきた夏期博愛学校とニューヨーク博愛学校の年次別学生数については，ロナルド・フェルトマン（Ronald Feldman）とシェイラ・カメルマン（Sheila Kamerman）の編集によって『コロンビア大学ソーシャルワーク大学院百年史』のなかに記載されており（Feldman and Kamerman 2001 : 68–69），その一部を以下に取り上げる。1898 年（夏期博愛学校開設初年度）は，女子 22 名，男子 6 名の計 28 名であった。1900 年（夏期博愛学校）は，正科生で，女子 14 名，同じく男子 10 名の計 24 名で，ほかに科目等履修生が女子 4 名，男子 2 名おり，合計で 30 名が在籍していた。1905–06 年（ニューヨーク博愛学校）は，正科生で，女子 31 名，男子 4 名の計 35 名で，ほかに科目等履修生が女子 23 名，男子 1 名の計 24 名いた。合わせると女子 54 名，男子 5 名の合計 59 名であった。1910–11 年には学生数は 3 桁になっている [6)]。

6）ニューヨーク博愛学校の 1910 年以降の学生数は次のとおりである（正科生と科目等履修生を含めた合計）。1910–11 年，女子 290 名，男子 32 名，計 322 名。1915–16 年，女子 212 名，男子 44 名，計 256 名。1920–21 年，女子 92 名，男子 20 名，計 112 名。1925–26 年，女子 338 名，男子 26 名，計 365 名。1930–31 年，女子 576 名，男子 95 名，計 671 名。1935–36 年，女子 693 名，男子 119 名，計 812 名。さらに，コロンビア大学ソーシャルワーク大学院となった 1940–41 年は，女子 605 名，男子 227 名，計 832 名であった（Feldman and Kamerman 2001 : 68–69）。

3　ユダヤ公共事業学校

(1) 設立時の概要

ユダヤ公共事業学校は，開校年である1916年に，全80頁からなる学校案内冊子『ユダヤ公共事業学校案内 1916–1917年』(*The School for Jewish Communal Work: Announcement 1916–1917*)を出している（当該冊子に発行年の表記はないが，表紙にアナウンスメント1916–1917［Announcement 1916–1917］とあることから，1916年に発行されたものと思われる)。施設はニューヨーク市内の，イースト85番街125番地（125 East 85th Street，レキシントンとパーク街の間）にあった中央ユダヤ研究所（Central Jewish Institute）の建物に設けられた。

学年暦はユダヤ暦の新年（西暦の9月／10月の間にあたる）に開始され，翌年の5月(夏期前)に終了した。学年暦での特徴は，仮庵の祭り（スコット）やプリム（エステル記の祭り）といったユダヤ教の祝祭日とともに，感謝祭，リンカーン誕生日，ワシントン誕生日といったアメリカにおける一般的な祝祭日も取り入れていた点であろう（資料20参照)。

さらにこの学校の特徴は，第一に，大学院であり，入学時に学士号または同等の学位を必要とした。第二に，カリキュラムは非常に包括的で，公共事業の基本原則や方法と，ユダヤ系コミュニティの歴史的背景と現状とが同時に扱われた（Alexander and Speizman 1983 : 7)。

カリキュラムは，二種類の専門職養成を意識したコース設定で組まれていた。第一のコースは，機関，施設等で雇用者，監督，マネージャー等の職位にある者を対象とし，第二のコースは，機関，施設等で現業者として働いている者を対象としていた。それら二つのコースの履修者を訓練するために六つの部門が組織されていた。それらは，産業部門，博愛事業部門，矯正事業部門，宗務部門，ユダヤ教教育部門，青少年ヘブライ団体部門，である（資料21参照)。なお，博愛事業部門の原文はphilanthropy（博愛）と表記されているが，その時代は宗教的動機からなされる慈善（charity）と人道的動機からなされる博愛（philanthropy）とが，必ずしも明瞭に区別されて用いられていたわけではなく，したがってここでいう博愛事業とは，正確には慈善事業のことを指していると思われる。

それら 6 部門の構成を見ると，その当時とくにアメリカ国内で重要な課題となっていたロシアからの移民ユダヤ人に対する，彼らのアメリカ社会への適応を支援するに相応しい内容となっている。それまでもヨーロッパ各地からユダヤ人が移民としてアメリカ国内の諸地域に入植していたが，ロシアで生じたポグロム（ユダヤ人排斥運動）によって成立した 1882 年の「五月法」によって，ロシア国内での活動を制限されたユダヤ人の多くはアメリカに移住した。1881 年から 1910 年までのアメリカへのユダヤ人移民の出身国別分類をみると，71.6％はロシアからであり，彼らの入植先はニューヨークに集中していた（Joseph 1914 : 93–94）。したがって，彼らを支援するワーカーと養成カリキュラムが必要であった。

学校案内冊子によれば，ユダヤ公共事業学校の経営陣は，ユダヤ共同体が一般社会と共通の問題を基本的に有しているとの認識から，ユダヤ公共事業学校の学生には，ニューヨーク市内にある非ユダヤ教育機関と接触することが望ましいと考えていた。そこで，可能な限りこれらの機関において，ユダヤ公共事業学校の学生にも機会を十分に利用するように勧めていた。コロンビア大学，ニューヨーク大学，ニューヨーク市立大学，ニューヨーク博愛学校のほうからも，ユダヤ公共事業学校と協力する用意があると表明されており，利用できるコース等の具体的な取り決めもあった。例えばコロンビア大学では，1916–17 年には「移民」「依存の問題」「公衆衛生」の三つのコースで，ユダヤ公共事業学校の学生が学ぶことが出来た。さらにそれらのコースで，コロンビア大学の文学修士（Master of Arts）またはそれ以上の学位の取得も可能であった。そこで，大学の要件に準拠するために，ユダヤ公共事業学校の学生はコロンビア大学の学生としても登録された。したがって，ユダヤ公共事業学校で学生がそれらのコースに支払う学費は，同時にコロンビア大学の同じコースの学費にも充当していた（School for Jewish Communal Work 1916 : 14）。

(2) その後の展開

ユダヤ公共事業学校は，その時代の先駆的なソーシャルワーク教育に取り組みながらも，このプログラムは，募集，財政支援，研修後の配属の問題のために1919年に放棄されることになった。その要因として，第一次世界大戦におけるアメリカの参戦と，ユダヤ公共事業学校を支援してきた団体ケヒラー（Kehillah）の解散があげられる[7)]。また，広範なフィールドワークと長期間の養成期間がこの学校の特徴であったが，実際には学位取得がより高額な給与に反映されるという保証もなかったのである（Alexander and Speizman 1983 : 7）

ユダヤ公共事業学校が閉校になったのち，1922年に全米ユダヤ・ソーシャルサービス会議（National Conference of Jewish Social Service ＝ NCJSSと表記する）が任命した特別委員会によって，NCJSSが運営するソーシャルワーク訓練校の草案が，1924年6月のNCJSSの会合で承認され，1925年7月にニューヨーク州の認可を得て，ユダヤ・ソーシャルワーク訓練校（Training School for Jewish Social Work）がニューヨーク市ウェスト91番街210番地（210 West 91th Street）のテンプル・イスラエル・コミュニティセンター（Temple Israel Community Center）に開設された。この学校の運営資金はニューヨークのナタン・ホフヘイマー（Nathan Hofheimer）財団と，アメリカ国内のさまざまな慈善団体及び一般の寄付によって賄われた。

ユダヤ・ソーシャルワーク訓練校の学校案内冊子『ユダヤ・ソーシャルワーク訓練校案内1926-1927年』（*The Training School for Jewish Social Work:*

7）ケヒラー（Kehillah）とは「集会」を意味するヘブライ語から採られたもので，1908年にラビのユダ・マグナス（Judah L. Magnus）によって導入された。その考え方は，移民として，その国に同化するのではなく，むしろユダヤ人コミュニティを強化することによって自らを主張しようとする考え方である。その実験的な試みは，とくに教育面において推し進められ，過去の東ヨーロッパにおける宗教的色彩の強いユダヤ教教育を模範とし，アメリカ国内でユダヤ教の教育カリキュラムを土台に据えながらその時代に適用させようとした。しかしながらその試みはうまくゆかず，ケヒラーは1922年に解散した。ニューヨークにおけるケヒラー展開の経緯についてはゴレン（Goren 1970）の研究がある。ゴレンの結論も，ニューヨーク（を含むアメリカ国内）でケヒラーの理念を具現化するのには否定的である。

Announcement 1926–1927）（全32頁）をみると，訓練期間は15か月間（7月に始まり翌年の9月中旬に終わる）で，その期間を三つの学期に分けていた。またそれとは別に特別コースと夏期講座とがあった。

ユダヤ・ソーシャルワーク訓練校の組織計画は五つの基本原則からなっていた。以下，同校の学校案内冊子から，それら五原則を要約する。第一は，ユダヤ教ソーシャルワークにとって，ユダヤ人の歴史，伝統，慣習，儀式等の知識は不可欠であり，カリキュラムのなかでそれらの修得に必要なコースを設ける。第二は，ユダヤ人コミュニティは一般社会の中の一部であるとの認識から，ユダヤ教ソーシャルワークも，非ユダヤ人コミュニティとその環境に適応せねばならない。第三は，上記二つとの関係で，ユダヤ人は独特な背景を持ちながら一般社会の方法によって業務を行っている。したがってカリキュラムでは，社会の一般原則を再解釈して適用することを目的とするコース設定が図られる。第四は，アメリカにおけるユダヤ人の生活環境が次の10年間で大きく変わる可能性があり，その変化に合わせユダヤ人の仕事の目的，方法，価値を再検討する必要がある。変更の必要性はユダヤ教ソーシャルワークとその専門職にも当てはまるものであり，ユダヤ人ソーシャルワーカーはこれまで以上に，より明確に変化しようとする意識を持たなければならない。第五は，ユダヤ人ソーシャルワーカーの大きな変化は，ユダヤ人社会の深刻な危機とも受け止められるであろう。したがって，それらは職業安定化の問題とも結びついている。

ユダヤ・ソーシャルワーク訓練校のこれら五つの基本原則は，先のユダヤ公共事業学校の基本姿勢である「ユダヤ共同体が一般社会と共通の問題を基本的に有しているとの認識から，ユダヤ公共事業学校の学生には，ニューヨーク市内にある非ユダヤ教育機関と接触することが望ましい」（本章3-(1)参照）と考えていたのと同様の認識を持っていた。実際に，ユダヤ・ソーシャルワーク訓練校は，ニューヨーク・ソーシャルワーク学校と独自に良好な関係を築いていた（Alexander and Speizman 1983 : 9)。

ユダヤ・ソーシャルワーク訓練校の授業は大学院レベルで行われた。入学要件は，認定された大学の卒業，適切な人格，ユダヤ社会活動への興味と適応能力，であった。1929年に修業年限が2年間に拡大され，1932年にはソーシャルサービス修士（MSS）及びソーシャルサービス博士（DSS）の学位を授与できる認定校となった。当該校は1939年に名称の変更があり，ユダヤ・ソーシャルワーク大学院（Graduate School for Jewish Social Work）となった。

4　ソーシャルワーク教育の環境整備

ニューヨーク博愛学校（及びニューヨーク・ソーシャルワーク学校）や，ユダヤ公共事業学校と同時代（1910-20年代）に開校したほかのソーシャルワーク専門職養成校は，カトリック系では，シカゴのロヨラ大学（Loyola University School of Social Work）（1914年），ニューヨークのフォーダム大学（Fordham University School of Social Service）（1916年），ワシントンD. C.の全米カトリック・ソーシャルサービス学校（National Catholic School of Social Service）（1921年）があった。その後，セントルイス大学（St. Louis University School of Social Service）（1933年），カトリック大学（Catholic University School of Social Work）（1934年），ボストンカレッジ（Boston College School of Social Work）（1936年）が続いた。いずれも大学院で，入学には学士号を取得していることが必要条件であった（Lauerman 1943 : 13, 17）。

専門職教育認定機関としては，1920年に専門ソーシャルワーク訓練学校協会（Association of Training School of Professional Social Work）が設立された。当該協会は複数回の名称変更を行っている。まず，最初の名称変更は全国ソーシャルワーク専門学校協会（National Association of Professional Schools of Social Work）で，次の変更がアメリカ・ソーシャルワーク学校協会（American Association of Schools of Social Work），さらに1952年にソーシャルワーク教育会議（Council on Social Work Education）と改称され今日に至っている。

1935年から，当該会議の会員になることを希望する養成校は，すべてアメリカ大学協会（Association of American Universities）の承認を得た教育施設に所属するものと定められ，ソーシャルワーク養成校の大学所属に拍車がかかった。それというのも，慈善の近代化形成期において，ソーシャルワーク養成校及び養成教育に関して次の二つの課題が顕在化していたからである。それは，①いかなる種類の学校であるべきか。教育施設なのか，それとも訓練センターであるべきなのか。②それらの学校は自律的な教育施設であるべきなのか，それとも単科大学や総合大学に付設されるべきなのか。もしくは，それらとの連携関係のもとに設置されるべきなのか（Trattner 1974 : 200-201, 邦訳 199 頁），という課題であった。それらに対する応答として，上記のアメリカ大学協会による承認制度の創設は，全米のソーシャルワーク養成校を，大学所属及び大学付設の施設へと向かわせる要因となった。ニューヨーク博愛学校から 1917 年に名称変更したニューヨーク・ソーシャルワーク学校も，伝統校としての独立した地位を放棄し 1940 年にコロンビア大学ソーシャルワーク大学院となった。

まとめ

1900年代初期のニューヨークは，急激な人口増加に加え，その大半を占めるユダヤ移民の生活問題への対応が重要な課題となっていた。それに対応するためには，それまでの慈善事業では追い付かず，社会事業とその担い手であるソーシャルワーク専門職の養成が求められた。

メアリー・リッチモンドの養成校を求める声や，すでにシカゴの社会改良運動で実績のあるグラハム・テイラーらの支援を得ながら，全米初の社会事業従事者のための訓練校であるニューヨーク博愛学校が1904年に開校した。一方，ユダヤ教の養成校として，1916年にユダヤ公共事業学校が開校した。とくにユダヤ公共事業学校は，伝統的に継承されてきた同胞への慈善事業を基盤にしながら，慈善の近代化に対応した新たな公共事業の在り方が模索された。

ユダヤ公共事業学校で特筆すべき点がいくつかあげられる。一つは，教育レベルを開設当初より大学院教育とした点である。二つめは，ユダヤ人の歴史，伝統，慣習，儀式を尊重しながらも社会の一員として，あるいは一般社会の中の一部としてのユダヤ人コミュニティとの認識から，非ユダヤ人コミュニティとその環境に適応しながら業務を遂行するという立場をとったことである。その基本姿勢は，のちにつくられたユダヤ・ソーシャルワーク訓練校にも引き継がれた。

養成教育のレベルを大学院教育にすることについては，ニューヨーク博愛学校を引き継いだニューヨーク・ソーシャルワーク学校や，またカトリック系大学でもソーシャルワーカー養成教育を大学院レベルで行った。それでは，大学院修了が専門職ワーカーの給与額に優位に反映していたのかといえば，資料からはそうはいえない。男女間の給与の格差については，高所得層では若干男性のほうが女性より多い傾向はあるものの，目立った差は確認できない。

さらに特筆すべきは，ユダヤ公共事業学校は，ニューヨーク博愛学校やそれを引き継いだニューヨーク・ソーシャルワーク学校，またコロンビア大学との教育や運営上での協力，連携関係が密に保たれていたことである。ユダヤ公共事業学校にとって，とくにコロンビア大学との連携は，教育の質を高め幅を広げることにつながった。

しかし，ユダヤ教ソーシャルワークにみられたこのような同化の姿勢は，プラス面に作用しただけではなく，ユダヤ教指導者たちとの間に軋轢となって大きな溝をつくる要因にもなった[8)]。

参考文献

Alexander, Leslie B. and Speizman, Milton D.（1983）The Graduate School for Jewish Social Work, 1924–40: Training for Social Work in an Ethnic Community., *Journal of Education for Social Work.*, Vol. 19, No. 2, 5–15.

Devine, Edward T. and Kleeck, Mary Van（1916）*Positions in Social Work: A Study of the Number, Salaries, Experience and Qualifications of Professional Workers in Unofficial Social Agencies in New York City, Based Upon an Investigation Made by Florence Woolston for the New York School of Philanthropy.*, New York School of Philanthropy.

Feldman, Ronald A. and Kamerman, Sheila B.（eds.）（2001）*The Columbia University School of Social Work: A Centennial Celebration.*, Columbia University Press.

Goren, Arthur A.（1970）*New York Jews and the Quest for Community: The Kehillah Experiment, 1908–1922.*, Columbia University Press.

Joseph, Samuel（1914）*Jewish Immigration to the United States: From 1881 to 1910.*, Columbia University Press.

Lauerman, Lucian L.（1943）*Catholic Education for Social Work.*, Catholic University of America Press.（doctoral dissertation）

Leighninger, Leslie（2000）*Creating a New Profession: The Beginnings of Social Work Education in the United States.*, Council on Social Work Education.

Meier, Elizabeth G.（1954）*A History of the New York School of Social Work.*, Columbia University Press.

8）ユダヤ教ソーシャルワークの同化の姿勢は，宗教指導者（ラビ）たちにはユダヤ教の伝統と秩序を乱すものと映り，軋轢となり両者の間に大きな溝が生じた。その一端については田中の研究を参考にされたい（田中　2014 : 75–76）。

Miller, Lina D.（compiled by）（1915）*New York Charities Directory 1914: A Reference Book of Social Service*., Charity Organization Society of the City of New York.

National Conference of Jewish Social Service（c. 1926）*The Training School for Jewish Social Work*., National Conference of Jewish Social Service.

大阪市社会部庶務課（1938）『合衆国に於ける社会事業教育に就て』（社会部報告第 229 号）大阪市社会部。

大阪市民生局調査課（1949）『米国社会事業教育二十五年の回顧と将来への展望』（民生局報告第 22 号）大阪市民生局。

Richmond, Mary E.（1898）The Need of a Training-school in Applied Philanthropy, *Proceedings of the National Conference of Charities and Correction: At the Twenty-fourth Annual Session Held in Toronto, Ontario, July 7–14, 1897*., 181–188.

School for Jewish Communal Work（c. 1916）*The School for Jewish Communal Work: Announcement 1916-1917*., School for Jewish Communal Work.

田中利光（2014）『ユダヤ慈善研究』教文館。

Trattner, Walter I.（1974）*From Poor Law to Welfare State: A History of Social Welfare in America*., The Free Press.（= 1978, 古川孝順訳『アメリカ社会福祉の歴史――救貧法から福祉国家へ』川島書店。）

第4章

1900年代前半のパレスチナにおけるユース・アリヤー支援事業

ヘンリエッタ・ゾールドの活動を中心に

はじめに

イスラエルにおける高等教育レベル（ソーシャルワーク学士プログラム）による本格的なソーシャルワーク教育の導入は，1958年にヘブライ大学にソーシャルワーク学部（Paul Baerwald School of Social Work）が，アメリカ・ユダヤ人共同配給委員会（American Jewish Joint Distribution Committee），イスラエル福祉省及びテルアビブ市からの支援を受けて創設されたのを嚆矢とするが，そこに至るまで，1920–30年代に，イスラエル建国前のパレスチナにおける医療，福祉，教育分野の基盤整備を行った一人にヘンリエッタ・ゾールド（Henrietta Szold 1860–1945）（以下「ヘンリエッタ・ゾールド」あるいは「ヘンリエッタ」または「ゾールド」と記す）がいる。

ヘンリエッタ・ゾールドは，アメリカ国籍のユダヤ人であった。第一次世界大戦等によるユダヤ人難民問題を機に，1912年に女性シオニスト団体ハダッサ（Hadassah）をニューヨークで創設し，1920年には自らもパレスチナに赴き，アメリカシオニスト医療団の責任者としてイスラエル建国（1948年）前のパレスチナにおける医療支援に尽力した。

彼女の活動は，非常に困難な民族問題，宗教問題，政治問題と対峙するなかで推し進められたものであった。とくに，ユダヤ人のパレスチナへの大規模流入によって周辺のアラブ諸国との共生や和平問題といった困難な課題に向き合うことになり，また，戦時体制下における難民ユダヤ人の発生で，とくにドイツからの難民青少年の受け入れ態勢の整備が急務となり，そのような緊急避難的な状況から当初の医療支援活動に加え，青少年教育や福祉の整備へとハダッサの支援体制が拡大していった。

ヘンリエッタ・ゾールドの業績として，イスラエル建国以前のパレスチナにおけるハダッサ病院の建設を含む医療支援についてはよく知られているが，一方，難民ユダヤ人（Aliyah「アリヤー」と呼ばれている），なかでも，難民青少年ユダヤ人を指すユース・アリヤー（Youth Aliyah）への福祉，教育支援に関しては，彼女の後半生をかけた重要な事業であるにも拘わらず，わが国ではあまり紹介されておらず研究も少ない。本章では，ヘンリエッタ・ゾールドの 1933 年以降のユース・アリヤー支援，とくに福祉及び教育支援の背景と内容についてみていく。

彼女の政治的立場は，一貫して平和主義であった。シオニストでありながら，ユダヤ人によるイスラエル国家樹立というシオニストの目標への拘りはなかった。ユダヤ人とアラブ人との平和共存を希求する政治団体ブリット・シャローム（B'rith Shalom「平和の契約」＝「ユダヤ・パレスチナ平和同盟」）が 1925 年に設立されるが，そのメンバーにヘンリエッタ・ゾールドも加わっていた。彼女は 1931 年にイスラエル建国前のパレスチナにおけるユダヤ人コミュニティの最高機関であるヴァアド・リュウミ（Va'ad Leumi）（General Jewish Council of Palestine「パレスチナのユダヤ人一般評議会」）の執行役員になった。それまで医療支援に専念していた彼女が，福祉分野の整備に本格的に取り組むようになったのはそれからである。本章の目的は，彼女の幅広い活動内容のなかで，とくにユース・アリヤーへの支援活動を中心に，イスラエル建国前のパレスチナに建設された彼らのための職業訓練，生活支援，福祉，教育に関する事業を取り上げ，その成果と，一方で，ニーズに対し団体の機能を果たしえなかった課題について分析する。

これは，筆者がテーマとするディアスポラ・ユダヤ人を主な対象とする「ユダヤ慈善の近代化」に関する研究の一部であり，1900 年代前半，シオニズム運動や第一次・第二次両世界大戦の戦禍によってパレスチナに移住したユダヤ人たちと彼らを支援したハダッサ等によって，ユダヤ慈善の近代化がどのように推し進められたのか，その形成過程を知るためのものである。

今日，イスラエル国内にある高等教育機関 5 か所のソーシャルワーク学部及び大学院，ヘブライ大学（Hebrew University），テルアビブ大学（Tel Aviv University），バル・イラン大学（Bar-Ilan University），ハイファ大学（Haifa University），ベングリオン大学（Ben-Gurion University）の研究者の間で，1900 年代前半の自国の社会事業史に関しては，積極的に取り組まれていないのが現状である。ソーシャルワークの歴史研究への関心の低さが要因の一つにあげられよう。しかしながら，近年，イスラエル建国後の自国のソーシャルワークを歴史的，分野別に総括した共同研究の取り組みも見られるようになり，その成果の一つがローウェンバーグの編集による Loewenberg, F. M.（ed.）（1998）*Meeting the Challenges of a Changing Society: Fifty Years of Social Work in Israel.*, The Magnes Press, The Hebrew University（『変化する社会への挑戦——イスラエルにおけるソーシャルワークの50年』）である。

1　ヘンリエッタ・ゾールドの活動の場となる同時代のパレスチナ

1890年代初期に，オーストリアのユダヤ人ナタン・ビルンバウム（Nathan Birnbaum）によってつくられたシオニズム（Zionism）の呼称は，ウィーンで記者として働いていたユダヤ人テオドル・ヘルツル（Theodor Herzl 1860–1904）の提唱によって1897年にバーゼルで開催された第1回シオニスト会議において具現化の一歩を踏み出すことになる。シオニズムとは，ディアスポラ・ユダヤ人たちが，過去に先祖が暮らしていた土地であるシオン（エルサレムの別称）に帰還し，そこにユダヤ国家の再興を目指す運動である。

第一次世界大戦中の1916年5月に，イギリス，フランス，ロシアの間で，それまでオスマン帝国領であった中東地域の分割とその帰属をめぐってサイクス・ピコ協定が結ばれた。そこで，パレスチナについては共同統治領となった。1917年11月には，イギリス外相によってパレスチナにおけるユダヤ人居住地の建設とその支援を約束したバルフォア宣言がなされた。折しもロシアではポグロム（ユダヤ人排斥運動）によってロシア在住のユダヤ人たちの国外脱出が始まっていたころであり，ヨーロッパでは1914年から第一次世界大戦が始まり，また1938年11月にドイツの各地で反ユダヤ主義暴動・迫害，いわゆる「水晶の夜（Kristallnacht）」が発生した。これを発端として，のちにホロコーストに発展していったユダヤ人追放は，彼らのパレスチナ帰還を促すことになった。

ボルティモアのヘブライ主義者たちは，1888年10月，ボルティモアにロシアからの移民たちのゲットーを中心に設けられたアイザック・バル・レヴィソン・ヘブライ文学会（Isaac Bar Levison Hebrew Literary Society）で，移民のための夜間学校のロシア学校（Russian School）を開設した。ロシア学校の運営資金はハーシュ男爵（Baron de Hirsch）基金委員会の寄付，ハーシュ男爵基金ボルティモア委員会の寄付，受講生の授業料，ヘブライ文学会（Hebrew Literary Society）の寄付，ボルティモア市民の寄付等によって賄われていた。ヘンリエッタ・ゾールドはそこで1893年まで教えた[1)]。ロシア学校は1898年にボルティモア市に引き継がれ，ユダヤ教徒のみならずキリスト教徒にも門戸が広げられ，移民の同化（アメリカ化）のモデルとされた（資料22参照）。

ヘンリエッタはロシア学校で講義を受け持つ傍ら，1889年11月に自らも近所にあった店舗の二階の二部屋を間借りして，そこで英語やアメリカ史を教授するようになった。ヘンリエッタが自らをシオニストと意識するようになったのはその頃であった。1893年の秋に彼女はロシア学校の仕事を辞め，ユダヤ出版会（Jewish Publication Society = JPSと表記する）の編集委員会の秘書として1916年まで働いた。その間，1904年から1908年まで自らもJPSが発行している『アメリカ・ユダヤ年鑑』（*American Jewish Year Book*）の編集に携わった。1902年に父親を亡くしてから，彼女は母親とともにニューヨークに移り住んでいる。

1）ヘンリエッタ・ゾールドが退職した当時のロシア学校の運営状況は，1892年（下半期）-1893年（上半期）の登録者数665名，平均出席者155名，授業数89，クラス数7，1893年（下半期）-1894年（上半期）の登録者数900名，平均出席者233名，授業数101，クラス数8であった（Levin 1962 : 14参照）。

3　ハダッサ創設とその初期の活動

ヘンリエッタ・ゾールドが自らをシオニストと意識するようになったのは，前述したとおり 1888 年から 1893 年までの，ロシアからの移民ユダヤ人への支援活動を行っていた頃であったが，幼少期から父親の慈善活動に接しその影響を受けていたであろうことは容易に想像できる。彼女は，1897 年にボルティモアのシオニスト協会として新たに組織されたヘブラス・シオン（Hebras Zion）の会員になっている。彼女は母親とともに 1909 年に初めてパレスチナに旅行している。1910 年にはアメリカシオニスト連盟（Federation of American Zionists）の秘書官に選出されている。このようにして，彼女のシオニストとしての足固めがなされていった。

ゾールドは，1912 年 2 月 24 日に，ハダッサと称するシオニズムに関する女性による学習グループを組織した。設立メンバーは 38 人で，当初はシオンの娘たちのハダッサ分会（Hadassah Chapter of Daughters of Zion）と称していたが，1914 年の第一回会議で名称をハダッサ（Hadassah）に変更した。ハダッサは少なくとも 1914 年の名称変更時点で，活動の目的をパレスチナでのユダヤ人の入植に置いていたことが，『ハダッサ規約』（*Constitution of Hadassah*）から分かる（なお，Constitution は「憲法」を意味するが，ここでは「規約」とする)。同規約第 2 条にはハダッサの「目的及び趣旨」として，「パレスチナにおけるユダヤ人の制度及び事業を促進し，アメリカにおけるシオニストの理想を醸成することであり，また，このような目的及び目標を支援するために，支部で組織されているか，ハダッサの一般会員として加盟しているかを問わず，女性シオニスト間の協力を促進することである」と記されている（資料 23 参照)。なお，ゾールドは 1914 年の第一回会議でハダッサの会長に選出され 1926 年まで当該会長職を務めた。

1916 年の母親の死は彼女をシオニストとしての活動に専念させた。1916 年にゾールドは，ハダッサに 4,000 人の女性を組織し，医師，看護師，管理者等で構成されるアメリカシオニスト医療団（American Zionist Medical Unit）

を編成した。その活動資金はシオニストの組織，ハダッサ及び共同配給委員会から供給され，ユニットは1918年6月にパレスチナに向かった。まもなくアメリカ国内のシオニスト諸団体・グループはアメリカシオニスト機構（Zionist Organization of America）に統合され，ゾールドがシオニストの教育と宣伝活動を担当した。彼女自身もアイザック・ルビノウ（Isaac Rubinow）博士の辞任に伴い1920年2月に医療ユニットの代表としてパレスチナに赴き，その後25年間のほとんどをパレスチナで過ごした。パレスチナに渡った彼女は，新しく設立された看護師養成学校を運営し，ユダヤ人学校での保健指導を指揮した。

しかしながら1922年の終わりまではその運営は順調ではなかった。その後，ユニットは拡大され，それまでのアメリカシオニスト医療団からハダッサ医療機構（Hadassah Medical Organization）に改組され，ハダッサによって年間予算が供給された。1923年にゾールドは病気の妹を見舞うためアメリカに一時帰国している。1年後（1924年），彼女は保健と教育の新たな計画を持って世界シオニスト機構（World Zionist Organization）の執行役員としてパレスチナに戻ってきた。1926年に彼女はハダッサの会長職を辞し名誉会長に就任した。1930年には70歳の誕生日をハダッサから祝ってもらうために再度アメリカに一時帰国し，その折，ユダヤ人宗教研究所（Jewish Institute of Religion）から名誉文学博士号を授与されている。

彼女は1931年にヴァアド・リュウミの幹部に選出された。これは，それまでパレスチナに入植していたイシュヴ（Yishuv）[2)]と呼ばれるユダヤ人の自治による準政府機関（Jewish Self-Governing Institutions）の，保健と教育の部門を引き継いだ組織である。ゾールドはこの時期より自らの活動を，それまで

2）　イスラエル建国以前のパレスチナにおいて，入植していた初期のイシュヴには，ペタ・ティクヴァ（Petah Tiqva），ロシュ・ピナ（Rosh Pina），ズィクロン・ヤアコヴ（Zikhron Ya'aqov），リション・レ・シオン（Rishon Le Zion）などがあった。これらの自治組織は，当時パレスチナを支配していたオスマン政権によって権限が与えられてはいなかったが，今日において地方議会が行っているような機能を有し，選挙委員会によって運営され，土地・不動産の登記や各種公共サービス等が行われていた（Va'ad Leumi 1947 : 5）。

の医療支援から，入植ユダヤ人青少年（ユース・アリヤー）の福祉・教育支援へと大きく舵を切っている。

4　ユース・アリヤー支援の背景

ゾールドは前述したように，1931 年にヴァアド・リュウミの幹部に選出されてから，彼女自身の活動をそれまでの医療支援から，ユース・アリヤーを中心とした福祉と教育に転換させている。ヴァアド・リュウミは 1920 年に設立されており，イスラエル建国以前のパレスチナにおける入植ユダヤ人組織（すなわち，イシュヴ）の議会における最高機関であり，主要派閥の代表者（メンバーは 20 人から 40 人）であった。彼らは政治的にはあまり活発にはならず，アラブとの平和共存の構築を目指していた。そのため医療，福祉，教育分野の機能強化に努めた。

イシュヴは，1920 年までパレスチナを支配していたオスマン政権によって権限が与えられてはいなかったが，今日において地方議会が担っているような機能を有し，選挙委員会によって運営され，土地・不動産の登記や各種の公共サービスを提供していた。しかしながら，公共サービスの発展は非常に遅く，第一次世界大戦によって中断した。発展を阻んだ要因にパレスチナ社会のなかでのユダヤ人の政治的地位の低さがあった。

パレスチナにおいて，難民ユダヤ人（アリヤー）による入植の歴史は，1882–1904 年の第一次アリヤー（主にロシア，ルーマニア，ガリツィア出身），1904–19 年の第二次アリヤー（主にロシア出身），1919–23 年の第 3 次アリヤー（主にロシア，ポーランド，中部ヨーロッパ，東ヨーロッパ出身），1924–31 年の第四次アリヤー（主にポーランド，ロシア出身），1932–39 年の第五次アリヤー（主にドイツを含む中部ヨーロッパ出身）に区分される。そのなかで，とくに難民ユダヤ人青少年（ユース・アリヤー）への対策が重要課題になったのは第五次アリヤーである。ゾールドが，医療活動からユース・アリヤーへの福祉・教育活動へと大きく舵を切ったのはこの時期である。

1933 年 8 月にプラハで開催された第 18 回シオニスト会議では，ヒトラー政権の脅威が確認され，パレスチナ事務所が開設された。ゾールドは 1932 年から 1937 年までヴァアド・リュウミのソーシャルサービス部門の責任者であった。彼女はまた，1933 年から亡くなる 1945 年までユース・アリヤーの監督者でもあった。

ゾールドは 1936 年 9 月 13 日の日付で，ヴァアド・リュウミの幹部たちにヘブライ語による『子どもたちの叫び』と題する小冊子を発行している。そのなかでゾールドは，同時代のパレスチナにおけるユダヤ人の子どもたちへの教育を，最重要課題であると位置づけている（Szold 1937）。

1919 年から 1948 年（イスラエル国家成立年）までのパレスチナにおけるユダヤ人人口の自然増加と移民による増加をみると，自然増加と移民による増加の比率は，平均すると，自然増加が 28.58％に対し移民による増加は 71.42％と，圧倒的に移民による増加が多い（資料 24 参照）。さらに，1870 年から 1947 年までのパレスチナにおいて，各年における新規ユダヤ人セッツルメント（入植地）数は，第一次アリヤー以前から第二次アリヤーまでの間に 72 か所の入植地がつくられていたのを除けば，第 18 回シオニスト会議でヒトラー政権の脅威が確認された 1933 年に比較的多く（28 か所）の入植地がつくられている（資料 25 参照）。

イスラエル建国の 1948 年から，1950 年までの間に 209 の新規入植地が誕生し，1870 年から 1950 年までを合計すると，572 か所の入植地が存在した。

5　ユース・アリヤー支援の概要

ユース・アリヤーはシオニズム運動の一環であり，ユダヤ人の青少年を苦難や迫害，貧困から救い，パレスチナ（1948 年の建国後はイスラエル）において彼らを保護し，教育を行い，彼らが自立するために支援することを目的としている。その活動はユダヤ機関の部門として運営され，自主的なボランティア精神によって支えられていた。

ユース・アリヤーへの支援は，ナチスが台頭してくる頃にドイツで活動を開始し，家族を離れなければならなくなった子どもや，ホロコーストによって孤児となった子どもをパレスチナに移住させ，保護，教育等を行うことに始まった。その活動は 1933 年から 1970 年にかけて続いた。その間に，約 140,000 人の青少年を世話し，そのうちの約 125,000 人が居住支援を受けた。公には前述したように（「4　ユース・アリヤー支援の背景」参照），1933 年に開催された第 18 回シオニスト会議でユース・アリヤー支援の責任者にゾールドが就任したことに始まるが，それ以外にも，私的な活動としてドイツの青少年をパレスチナに移送し保護していた人物がいた。レカ・フレイヤー（Recha Freier 1892‒1984）である。

フレイヤーはベルリン在住のユダヤ人で，改革派ユダヤ教のラビ，モーシェ・イッサカル・フレイヤー（Moshe Issachar Freier）の妻であった。彼女は 1932 年に，ドイツ在住のユダヤ人青少年をパレスチナに移送することを考えた。彼女はヒスタドルート（Histadrut ＝ユダヤ労働総同盟）[3] に連絡を取り，キブツ（イスラエルの農村共同体）が彼らを引き受けるように提案した。1932 年 10 月に最初の 12 人のグループがベン・シェメン（Ben Shemen）の青少年

3)　ヒスタドルートはパレスチナ委任統治時代の 1920 年にハイファで結成された。彼らは労働シオニストに分類され，ユダヤ人労働者の利益を守ることを主な目的とする。1921 年に，のちにイスラエルの初代首相となるダヴィッド・ベングリオン（David Ben-Gurion）がヒスタドルートの総書記として選出されている。

村に送られた。1933 年 1 月にヒトラーが首相に就任しヒトラー内閣が発足すると，にわかに移送が加速され，そのための支援団体としてフレイヤーはベルリンにユダヤ人青年支援委員会（Hilfskomitee für Jüdische Jugend）を設立した。同時に彼女はゾールドに連絡を取り，パレスチナに到着したあとの青少年の面倒を見てくれるように頼んだ。ゾールドは，後述するように（「7 ユース・アリヤーの実現しなかった計画」参照），フレイヤーの計画に対して難色を示し，それに関しては実現しなかった。

ゾールドが指揮を執るユース・アリヤーの支援では，最初のまとまった一団（60 人）が 1934 年 2 月にキブツ，エン・ハロッド（En-Harod）に到着した。その後，1935 年の半ばまでに，キブツ 11 か所，農業学校 4 か所，職業訓練センター 2 か所に約 600 人が収容された。1935 年に，青少年運動の指導者ハンス・ベイス（Hans Beyth）がゾールドのチーフ・アシスタントに就任し，同年末にはハダッサがユース・アリヤーの資金援助の責任を担うことになった。

ナチスによってオーストリアとチェコスロバキアが征服されると，ユース・アリヤーの守備範囲も拡張され，これらの国々を含むようになった。さらに，1938 年 11 月にドイツの各地で発生した「水晶の夜」事件のあと，ヨーロッパのユダヤ人青少年の救出は緊急を要するようになった。第二次世界大戦によって，5,000 人以上の青少年がパレスチナに送られてきたが，そのうちの 3 分の 2 がドイツから，5 分の 1 がオーストリアから，残りは他の国々からであった。移民証明書不足のため，そのほかの約 15,000 人は西ヨーロッパ諸国，とくに英国に送られた。

6　ユース・アリヤー支援の関係諸機関及び団体

1950年当時のイスラエルにおける児童福祉及び青少年の支援に関わった公的機関及び団体について，まず，その全体像をみることにする(Frankenstein 1950)。

政府では，①内務省，②保健省，③文部省，④社会福祉省，⑤労働保険省，⑥中央統計局，⑦法務省，⑧安全保障省，⑨宗教省，⑩戦争犠牲者保護省，が児童福祉及び青少年の支援に関連している。

ユダヤ機関では，①移民同化局，②児童・青少年移民局（ユース・アリヤー），③青少年・開拓局，がある。

地方自治体の社会サービスでは，①テルアビブ＝ヤッフォ市の教育部局，②テルアビブ＝ヤッフォ市の社会福祉部局，③エルサレム市の教育部局，④エルサレム市の社会福祉部局，⑤ハイファ市の教育部局，⑥ハイファ市の社会福祉部局，⑦共同集落，⑧他の地方当局，がある。

労働組織では，ヒスタドルート（Histadrut＝ユダヤ労働総同盟）と，その傘下の，①疾病ファンド（Kupat Holim），②保険・救済計画，③ハポエル（Hapoel＝スポーツ団体），④ノアル・オヴェド（Noar Oved＝労働者青少年組織），⑤アマル（Amal＝職業訓練システム），⑥他の労働組織，がある。

青少年運動では，①非政治的な団体（スカウト運動，ワーキング・ユース［Working Youth］，ヤング・マカビー［Young Maccabi］）など，②政治的なイデオロギーを持つ団体（社会主義統一運動，マハノット・オリーム［Mahanot Olim］）など，③政党関連団体（左翼的なハショメル・ハツァイル［Hashomer Hatsair］，宗教的なブネイ・アキバ［Bnei Akiba］，修正主義的なベイタル［Beitar］）など，12の団体がある。

移民団体は，相互扶助，救済または仲介，カウンセリング等を通じて，移民の同化を手助けしている。団体として，①オリエンタル・コミュニティ評議会（Councils of Oriental Communities），②コレリム（Kollelim＝タルムード・トーラー研究所），がある。コレリムの活動は主にエルサレムの大規模なコミュニティ・ハウスにおいてみられる。彼らはそれぞれ独自の宗教施設や福祉施設，またいくつか独自の学校を持っている。

女性団体では，①ハダッサ・アメリカ女性シオニスト機構（Hadassah），②国際女性シオニスト機構（Women's International Zionist Organizations ＝ WIZO），③ユダヤ人労働女性協会女性労働者評議会（Women Workers' Council of the General Federation of Jewish Labor and Working Mothers' Association），④ミズラヒ・アメリカ女性機構（Mizrahi Women's Organization in America），⑤OMEN ミズラヒ・イスラエル女性機構（OMEN Mizrahi Women's Organization in Israel），⑥ハポエル・ミズラヒ女性労働者機構（Women Workers' Organization of Hapoel Hamizrahi），⑦アグダット・イスラエル労働者機構の女性労働者評議会（Women Workers' Council of the Agudath Israel Workers Organization），⑧一般シオニスト女性機構（Women's Organization of the General Zionists），⑨ヘルット女性機構（Herut Women's Organization），の 9 団体がある。

上記の女性団体のなかで，ハダッサの 1950 年当時の児童・青少年に向けた事業概要は次のとおりである。①子ども部門のある病院や診療所，②家庭医療サービスのある社会サービス部門，回復期の家など，③出産及び幼児福祉センター，④学校衛生部，⑤教育用キッチン付き学校昼食計画，⑥グッゲンマイム遊技場，⑦幼児指導のためのラスカー（Lasker）センター（エルサレム），⑧ブランダイス（Brandeis）センターの職業指導及び訓練（エルサレム），⑨ユース・アリヤー業務への関与，⑩一般的な疾病の基金設立，である。

そのほか，ボランティア代行団体には，①共同配給委員会（Joint Distribution Committee），②ORT- 職業訓練機構（ORT-Organization for Vocational Training），③ OSE- 保健機構（OSE-Health Organization），④パレスチナ組織のためのアメリカ基金（American Fund for Palestinian Institutions），⑤アライアンス（Alliance ＝「同盟」の意），⑥抗結核連盟（Anti-Tuberculosis League），⑦障害児治療協会（Society for the Treatment of Crippled Children），⑧ミグダル・オール協会（Migdal-Or Society ＝「光の塔協会」の意），⑨中央父母委員会（Central Parents' Committee），⑩農業研修会（Society for Agricultural Training），⑪ヘンリエッタ・ゾールド児童・青少年福祉財団（Henrietta Szold Foundation for Child and Youth Welfare），⑫そのほかのボランティア推進団体としては，幼稚園，小学校（主

に宗教系学校），中学校，職業訓練学校，教師養成学校，一般児童（健常児）及び身体や知的にハンディキャップを持つ児童のための「子どもの家」，医療救護施設，がある。

職業訓練を例とすれば，1950年当時，ユース・アリヤー等への職業訓練校を，ハダッサを含め複数の団体が運営し，その数はイスラエル国内に36校あった。そのなかの一例をあげれば，エルサレムに9校（ハダッサ運営が2校，職業訓練機構［Organization for Vocational Training］運営が2校，ユダヤ人労働者総連合［General Federation of Jewish Labour］運営が1校，全イスラエル連合［Alliance Israelite Universelle］運営が1校，ミズラヒ・アメリカ女性機構［Mizrahi Women of the United States of America］による運営が1校，女性労働者評議会［Women Workers' Council］運営が1校，教育部局［Education Department］運営が1校）あった。同様にテルアビブには7校で，職業訓練機構運営が2校，テルアビブ市（Tel-Aviv Municipality）運営が1校，ユダヤ人労働者総連合運営が1校，ミズラヒ（Mizrahi）運営が1校，ミズラヒ・アメリカ女性機構による運営が1校，女性労働者評議会運営が1校あった。

次いで，ヴァアド・リュウミが1947年に作成し，国連特別委員会に提出した『パレスチナのユダヤ人コミュニティとソーシャルサービス』によれば，1947年当時のサービスの実施状況は次のとおりである（Va'ad Leumi 1974 : 40–41）。

(a)約200の地域における47のソーシャルサービス局の運営と，120人のソーシャルワーカーの雇用。
(b)約300,000イギリスポンドの年間予算を有する317の学校及び他の教育機関における29,000人以上の子どもを対象とする学校給食制度。
(c)学校及び幼稚園の約40,000人の子どもを対象とする牛乳流通制度。
(d)74の夏期キャンプにおける約9,000人の子どもの収容。
(e)約2,000人の子どもが出席している小学生向けの50のクラブ。
(f)1,500人の出席者を有する勤労青年向けの25のクラブ。
(g)平均利用者数が4,000人を超える50の遊び場。
(h)孤児施設，児童村，ネグレクトを受けた子どもの家など，102の児童施設（合計 5,136 人の児童。これにユース・アリヤー施設は含まれていない）[4)]。

(i) 850 人収容可能な高齢者ホーム。

(j)病弱及び回復期にある貧困者のための施設。

4)　ユース・アリヤーのための施設入所者数については，1934 年 2 月-1939 年 10 月はセッツルメント施設入所 3,207 人，児童村入所 1,805 人，1939 年 10 月-1945 年 10 月はセッツルメント施設入所 6,660 人，児童村入所 4,495 人，1945 年 10 月-1948 年 10 月はセッツルメント施設入所 8,619 人，児童村入所 6,401 人である（Kol 1957 : 113）。

7　ユース・アリヤーの実現しなかった計画

前述した（「5　ユース・アリヤー支援の概要」）フレイヤーは，ゾールドとのユース・アリヤーをめぐるパレスチナへの受け入れ交渉のなかで，実現しなかった計画について述べている（Freier 1961）。それによると，1930 年代に，フレイヤーはベルリンでユース・アリヤーの支援活動を行っていたが，1935 年の春に，エルサレムにゾールドを訪ねている。フレイヤーはその時の会話の内容にも触れ，ゾールドはフレイヤーに，ドイツからのユース・アリヤーがどのような結果をもたらしているのか，まだその分析は明らかになっていないが，さらに計画を立てたいのかと尋ねてきた。ゾールドが分析結果を得るまで，計画を延期する判断を下したのは，彼女の責任感からであった，と回顧している。

ゾールドがフレイヤーに好意的な反応を示さなかった背景には，当時のパレスチナの状況があった。そのころゾールドはパレスチナの福祉問題に取り組んでいたが，とりわけ資金不足に悩まされていた。移民青少年を受け入れるにあたっては，学校等が不足しておりニーズに応えることが出来ないと判断していた。そのような実情（資金，組織，施設等の不足）は，ゾールドから直接にフレイヤーに伝えられた（Zeitlin 1952 : 144）。

ゾールドとの会談に実りが期待できないことを悟ったフレイヤーは，その足で，パレスチナでポーランドのユダヤ人事情に精通している人物やグループと接触している。彼女はそれらの人物やグループ名を明らかにしていないが，彼らはフレイヤーにポーランドのユース・アリヤー計画を進めるよう進言した。フレイヤーは，彼らがポーランドのユース・アリヤー計画に賛同する意志のあることを確信しベルリンに戻った。

帰国したのち，フレイヤーはエルサレムのユース・アリヤー事務所がポーランドのユース・アリヤーを計画していることを知ったが，しかしながらその計画は実行に移されなかった。エルサレムのユース・アリヤー事務所は，その理由を「必要な入国許可証を取得することが不可能になった」と伝えてきた。フレイヤーは，ポーランドのユダヤ人青少年を証明書なしで渡航させることまで求めたが，エルサレム事務所は，違法な移民者は自国に送還されると伝えてきた（Freier 1961 : 49–50）。

彼女が提案したユース・アリヤー基金の設立計画も実践に移されることはなかった。その後，1939 年 5 月にエルサレムのユース・アリヤー事務所長から基金設立に同意する旨の知らせがあり，フレイヤーは取り組もうとしたが，すでに戦争は目前に迫っており，動くことはできなかった。

ま と め

本章では，ヘンリエッタ・ゾールドのハダッサを通じたパレスチナへの福祉，教育支援の特徴を，⑴委任統治領のパレスチナにおける周辺諸国との軋轢を常に抱えながらの事業であったことと，⑵戦時体制への突入の危機に直面したときに，ゾールドが支援事業をそれまでの医療から，ユース・アリヤーを中心とした福祉・教育活動へと変更した二点に着目し，それらの軋轢や活動方針の変更の背景と，それらにどう向き合い行動してきたのかについてみてきた。

⑴については，1900 年代前半のパレスチナにおけるユダヤ人の立場は，イシュヴと称される自治組織があったが，パレスチナが委任統治領であったことから，彼らの政治的及び経済的な基盤は脆弱であった。イシュヴが担ってきた保健，医療，福祉，教育に関係する既存の諸機関，団体の活動に加え，1918 年からハダッサが医療を中心とした支援に参画した。その指揮を執っていたゾールドはシオニストであったが急進主義ではなかった。彼女自身の政治的立場は平和主義であることを自ら表明もし，パレスチナ及びアラブ諸国との間の諸問題の平和的解決と共存を望んでいた。しかしながら，当時，ゾールドの望む平和主義は，その時代にあってはユダヤ人にもパレスチナ人にも共感を得るのは難しく，そのような状況下での活動であった。

ローズ・ハルプリン（Rose L. Halprin）は 1932–34 年と 1947–52 年にハダッサの会長を務めた人物であるが，彼女はゾールドをよく知る一人として，ゾールドが自ら「私は政治的分野の議論に参加する資格はない」と語ったことを明かしている。ゾールドに接し協力していた人物の多くも，少なくとも部分的にゾールドの自己分析に同意するとしている。ハルプリンは，ゾールドの人生最後の数年間，とくに 1942 年 5 月にビルトモア計画（Biltmore Program）[5] が出されてからは，ゾールドは自身の明確な政治的立場を見つけ

5） 1942 年 5 月 6 日から 11 日まで，ニューヨークのビルトモア・ホテルで開催された

郵便はがき

料金受取人払郵便

銀座局
承認

3148

差出有効期間
2025年12月
31日まで

104-8790

628

東京都中央区銀座4－5－1

教文館出版部 行

◉裏面にご住所・ご氏名等ご記入の上ご投函いただければ、キリスト教書関連書籍等のご案内をさしあげます。なお、お預かりした個人情報は共同事業者である「(財)キリスト教文書センター」と共同で管理いたします。

●今回お買い上げいただいた本の書名をご記入下さい。

書名

●この本を何でお知りになりましたか

1．新聞広告（　　）　2．雑誌広告（　　）　3．書　評（　　）

4．書店で見て　5．友人にすすめられて　6．その他

●ご購読ありがとうございます。

本書についてのご意見、ご感想、その他をお聞かせ下さい。

図書目録ご入用の場合はご請求下さい（要　不要）

教文館発行図書　購読申込書

下記の図書の購入を申し込みます

書　　　　　　　　名	定価（税込）	申込部数
		部
		部
		部
		部
		部

●ご注文はなるべく書店をご指定下さい。必要事項をご記入のうえ、ご投函下さい。
●お近くに書店のない場合は小社指定の書店へお客様を紹介するか、小社から直送いたします。
●ハガキのこの面はそのまま取次・書店様への注文書として使用させていただきます。
●DM、Eメール等でのご案内を望まれない方は、右の四角にチェックを入れて下さい。□

ご氏名　　　　　　　　歳	ご職業

（〒　　　　　　　　）
ご住所

電　話
●書店よりの連絡のため忘れず記載して下さい。

メールアドレス
（新刊のご案内をさしあげます）

書店様へお願い　上記のお客様のご注文によるものです。
着荷次第お客様宛にご連絡下さいますようお願いします。

ご指定書店名	取次・番線	
住　所		
		（ここは小社で記入します）

ることは困難であったとしている（Halprin n.d. : 9）。

(2)については，ユダヤ人の立場をめぐる状況が大きく変化する1930年代前半のドイツを憂慮し，ゾールドは活動をそれまでの医療から，児童・青少年の福祉，教育支援へと大きく転換させた。ゾールド自身も1933年にドイツからパレスチナへのユダヤ人青少年の移送に関して，ベルリン，ハンブルク，アムステルダムを視察している。同年，ゾールドは新設されたユダヤ機関「パレスチナにおけるドイツ系ユダヤ人定住中央局」（Jewish Agency Central Bureau for the Settlement of German Jews in Palestine）の諮問委員会のメンバーに任命され，ドイツ系ユダヤ人のパレスチナ移住に関連する社会サービス事業を担当した。そのような背景のなかで，1935年にフレイヤーがエルサレムを訪れ，ゾールドにユース・アリヤーへの支援を求めた際，ゾールドはフレイヤーの持ってきた計画を受け入れることはしなかった。その理由の一つに，ゾールドが実証を重視していたため，分析等を伴っていない計画の具現化には慎重であったということが，ゾールドと直接対話したフレイヤーの記録からうかがい知ることができる。彼女はその時のゾールドの対応について，「ゾールドが分析結果を得るまで，計画を延期する判断を下したのは，彼女の責任感からであった」と記している（Freier 1961 : 49 及び本章「7　ユース・アリヤーの実現しなかった計画」参照）。しかしながら，受け入れることを拒んだ背景には，当時のパレスチナには，ユース・アリヤーの受け入れに必要な社会資源が不足していた実情もあった。結果的に，その時のゾールドの慎重な判断は，第二次世界大戦中のユース・アリヤー事業の一部において停滞を招くことになった。

参考文献

Ben-Avram, Baruch（1978）*Political Parties and Organizations During the British Mandate for Palestine, 1918–1948.*, The Historical Society of Israel, The Zalman Shazar Centre for the Furtherance of the Study of Jewish History.（in Hebrew）

特別シオニスト会議において出された計画で，①パレスチナへのユダヤ人無制限入植，②ユダヤ軍創設，③ユダヤ国家としてのパレスチナ建設，等を希求するものであった。

Chizik, Issac（1934）The Political Parties in Palestine., *Reprinted from the "Journal of the Royal Central Asian Society," Vol. XXI., January, 1934.*, The Royal Central Asian Society.

Frankenstein C.（1950）*Child Care in Israel: A Guide to the Social Services for Children and Youth.*, The Henrietta Szold Foundation for Child and Youth Welfare.

Freier, Recha（1961）*Let the Children Come: The Early History of Youth Aliyah.*, Weidenfeld and Nicolson.

Geller, Lawrence D.（1982）*The Henrietta Szold: Papers in the Hadassah Archives 1875–1965.*, Hadassah.

Geller, Lawrence D.（1983）*The Archives of Youth Aliyah 1933–1960: Part 1, The Years of the Holocaust and Ingathering.*, Hadassah.

Hadassah（ed.）（1915）*Hadassah: In America and in Palestine 1912–1915.*, Hadassah.

Hadassah（1921）*Hadassah Constitution.*, Hadassah.

Hadassah（ed.）（2002）*The Hadassah Story: A 90-Year Chronology.*, Hadassah.

Halprin, Rose L.（n.d.）*Henrietta Szold: Zionist, Educator.*, Hadassah.

Head Offices of the Keren Kayemeth Leisrael and Keren Hayesod（ed.）（1938）*Handbook of the Jewish Communal Villages in Palestine.*, Jerusalem Press.

Horowitz, G. G.（1986）*The Hadassah Idea: History and Development.*, Hadassah.

Jewish Agency for Palestine Child and Youth Immigration Bureau（1946）*Report of Child and Youth Aliyah to the 22nd Zionist Congress at Basle.*, Jerusalem Press.

Kahanoff, Jacqueline（1960）*Ramat-Hadassah-Szold: Youth Aliyah Screening and Classification Center.*, Published with the Financial Assistance of UNESCO.

Katzburg-Yungman, Mira K.（2012）*Hadassah: American Women Zionists and the Rebirth of Israel.*, The Littman Library of Jewish Civilization.

Kessler, Barry（ed.）（1995）*Daughter of Zion: Henrietta Szold and American Jewish Womanhood.*, Jewish Historical Society of Maryland.

Kol, Moshe（1957）*Youth Aliyah: Past, Present and Future.*, Published with the Financial Assistance of UNESCO.

Levin, Alexandria L.（1962）Henrietta Szold and the Russian Immigrant School., *Maryland Historical Magazine*, Vol. 57, No. 1, pp. 1–15., Maryland Historical Society.

Miller, Donald H.（1968）*A History of Hadassah 1912–1935.*（Doctoral Thesis,

New York University)

Nahon, S. U. (ed.) (1970) *Henrietta Szold 1860–1945: Twenty-five years after her death.*, Executive of the World Zionist Organization.

National Council of the Jewish Community of Palestine (1946) *The Jewish Social Services in Palestine.*, Jerusalem Press.

Parnass, Tikvah H. (1960) *Training Youth from New Immigrant Settlements: A Study in Youth Aliyah Education.*, The Child and Youth Immigration Department of the Jewish Agency for Israel., The Henrietta Szold Institute for Child and Youth Welfare.

Pincus, Chasya (1962) *Ne'urim: The Rural Vocational Training Center of Youth Aliyah and Hadassah.*, Published with the Financial Assistance of UNESCO.

Reinharz, S., Raider, M. A. (eds.) (2005) *American Jewish Women and the Zionist Enterprise.*, Brandeis University Press.

Samuel, Edwin (1945) *Handbook of the Jewish Communal Villages in Palestine.*, Jerusalem Press.

Simmons, Erica B. (2006) *Hadassah and the Zionist Project.*, Rowman & Littlefield.

Smilansky, M., Weintraub, S., Hanegbi, Y. (eds.) (1960) *Child and Youth Welfare in Israel.*, The Henrietta Szold Institute for Child and Youth Welfare.

Szold, Henrietta (1915) Recent Jewish Progress in Palestine., *American Jewish Year Book 5676 (1915–1916).*, pp. 25–158. Jewish Publication Society of America.

Szold, Henrietta (1937) *The Cry of the Children in Palestine.*, Azriel press.

Va'ad Leumi (ed.) (1947) *The Jewish Community of Palestine and its Social Services: Memorandum Submitted to the United Nations Special Committee on Palestine.*, Va'ad Leumi.

Zeitlin, Rose (1952) *Henrietta Szold: Record of a life.*, Dial Press.

結

1　ふりかえり

聖書に起点を持ちユダヤ教教典のミシュナ，タルムードを経て中世のユダヤ教指導者の一人モーセス・マイモニデスの慈善観へと発展したユダヤ教の福祉思想は，マイモニデスの慈善観の影響を保ったまま近代のユダヤ教社会事業へと展開していった。慈善（charity）から社会事業（social work）に移行した19世紀末から20世紀初めにかけては，宗教の基盤を持たない世俗（一般）の社会事業が伸張してきた時代であった。ユダヤ教に限らず他の宗教団体等の社会事業においても，とりわけ援助実践の背景にある各宗派の教義的な価値をどのように認識するのか，その回答を備えておくことが必要となった。とくに民族宗教として特徴的な教義や慣習を持っているユダヤ教の場合は，基本的に不特定多数のクライエントを対象とするソーシャルワークにおいて，独自の宗教の価値を意識しなくてもよいのか，あるいは，独自の価値に固執すべきなのかということについて，自らの立場を表明することが必要となろう。

しかしながら，19世紀末から20世紀初めにかけては，社会改良の必要性とそのための行動が重視された。その時代に慈善と博愛（philanthropy）の区別はハンナ・ソロモンをはじめ当時の活動家のほとんどが意識していなかったようである。もっとも，ユダヤ慈善の近代化を推し進めた当事者が主に改革派のユダヤ教徒たちであったことを考えれば，それも合点がいく。彼らはユダヤ教の慣習的な考え方や行動に必ずしも固執していなかったからである。

ユダヤ慈善の近代化にとりわけ貢献したのはユダヤ人の女性たちであった。ハンナ・ソロモンら女性社会改良家が活躍した時代に，国際的に女性の自立と地位向上の機運があり，そのための国際女性評議会（ICW）をはじめとして宗派の枠を超えた女性たちの国際的な連帯の環境が整っていたことが，女性たちによる社会事業活動を前進させる追い風になったことも見逃せない。さらには，改革派ユダヤ教の積極的な社会活動への関与がユダヤ慈善の近代化を推進するうえで重要な役割を担ったことにも注目したい。

ユダヤ教ソーシャルワークの価値の問題については，少なくとも1920年代までは顕在化していないが，1950年代以降に専門職を最も悩ませることになる。それについては筆者の拙著『ユダヤ慈善研究』の第1章第4節（近現代のユダヤ的価値）で取り上げているので参照されたい[1)]。ここでは，ユダヤ教ソーシャルワークの価値が見えにくくなった背景として，1966年にサムエル・コーズ（Samuel C. Kohs）が指摘している以下の5点をあげておく[2)]。

①ユダヤ教の宗派（正統派，保守派，改革派）の違いが共通の価値観を弱めた。
②ラビ（ユダヤ教指導者）とソーシャルワーカーとの対立が相互補完的な援助を損なった。
③多くのユダヤ人ソーシャルワーカーの無宗教的態度と見地がユダヤ教ソーシャルワークの特徴を抑制した。
④強力な社会勢力の影響によるユダヤ人のアメリカ社会への同化。
⑤ユダヤ系社会事業大学院の数の少なさ。

ユダヤ慈善はそれ自体が福祉文化と呼べるほどの連続性を伴った伝統を有しており，シナゴーグが慈善事業の実践主体となり実務を担ってきた。そのためか，専門職養成が希求され始めた1900年代初期には，アメリカでの社会事業従事者のための学校の設立は一般（世俗）の養成学校のほうが先行していた。そのような状況ではあったが，1916年に開校したユダヤ公共事業学校（School for Jewish Communal Work）のように，開校当初より入学者の条件を学士号または同等の学位所持者に限定し，コロンビア大学等との単位互換制度を設け高度な教育を実施した学校もあった。

1）田中利光（2014）『ユダヤ慈善研究』教文館，pp. 70-83。
2）Samuel C. Kohs（1966）*The Roots of Social Work*, Association Press.（1989, 小島蓉子・岡田藤太郎訳『ソーシャルワークの根源――実践と価値のルーツを求めて』誠信書房）。

1　ふりかえり

1890年代初期に現れたシオニズムとその運動家であるシオニストたちによって推し進められたユダヤ人のパレスチナ帰還運動（シオニズム運動）は，パレスチナの医療，教育，福祉の基盤整備にも貢献した。その実務の責任者として活躍したのがシオニストであったヘンリエッタ・ゾールドである。彼女もまた親の代からの改革派ユダヤ教徒であった。彼女の事業は当初はパレスチナでの医療活動が中心であったが，晩年は第二次世界大戦の戦禍を逃れて来た難民ユダヤ人（アリヤー），なかでも難民青少年ユダヤ人（ユース・アリヤー）への福祉，教育支援に移行していった。ハダッサは現在もニューヨークに本部を置き，保健，医療，福祉，教育分野を中心に国際的な活動を展開している。

以上みてきたように，ユダヤ慈善の近代化の背景に，改革派ユダヤ教，女性ユダヤ教徒，宗派を超えた女性の国際的な連帯があり，それらが慈善の近代化に重要な役割を果たしてきたといえよう。一方で，ユダヤ慈善の近代化の過程で，ユダヤ教ソーシャルワークの価値と一般（世俗）のソーシャルワークの価値との関係については十分な議論がなされないまま取り残されていた。そのため数十年後にユダヤ教ソーシャルワークは自らの立場についての議論を余儀なくされていくことになる。

2　今後の課題と展望

ここでは次の 2 点を課題としてあげておきたい。まず第 1 点は，本書で取り上げたハンナ・ソロモン等による宗派を超えた女性の国際的な連帯に関しては，さらに広範な分析が必要である。筆者は関係学会において，女性の国際的な連帯に着目した研究報告を過去に数回行ってきた[3)]。研究を進めていくにしたがって，女性の国際的な連帯の構築は当初予想していた以上に広範囲にわたり，その影響も多岐に及んでいたことが分かってきた。

課題の 2 点目は，ユダヤ教ソーシャルワークの価値の問題である。これはユダヤ教に限らずどの宗教ソーシャルワークであっても少なからず価値の問題をどう捉えるかといった課題は存在するであろう。価値の問題はソーシャルワーク倫理に関わる重要なテーマであり，ユダヤ教ソーシャルワークの価値を含め，各宗教ソーシャルワークの価値についての研究が深められ，詳細な比較研究に指向していくことが望まれる。それはつまり，これからの宗教ソーシャルワークがどう機能し役割を果たすことができるのかという，未来への展望を見出すことに繋がると考えられるからである。

3）当該テーマの報告をこれまで 3 回行っている。

1 回目は，2014 年 5 月の第 42 回社会事業史学会大会での岡田英己子氏との共同報告「ICW フェミニストがユダヤ慈善事業の近代化に果たした役割――ICW ベルリン大会（1904 年）報告は A. ザロモンのボランティア・グループをどう見たのか」。

2 回目は，2015 年 5 月の第 43 回社会事業史学会大会での岡田英己子氏との共同報告「慈善の国際比較第一編――ユダヤ慈善の近代化と女性の役割（1）」。

3 回目は，2016 年 5 月の第 44 回社会事業史学会大会での田中利光の単独報告「慈善の国際比較第一編（2）――国際女性平和自由連盟（1915 年）の背景とその影響について――Susan B. Anthony と Jane Addams の活動を中心に」。

あとがき

本書は，筆者が2013年から2020年まで所属学会の機関誌及び所属校の紀要に発表した論文に加筆，修正等を施したものである。ユダヤ慈善の近代化を担った主要な関係機関，団体及び人物を中心に4つの章立てとした。本研究を進めていくなかで，筆者の脳裏に深く刻まれた体験のなかにシカゴ及びニューヨークでの現地調査があった。アメリカ合衆国でユダヤ慈善の近代化を先導したハンナ・ソロモンらの事跡は今日あまり遺ってはいないが，蒐集した古資料と現地シカゴで実際に目にする風景を重ね合わせて見たときに，往時の景色が蘇ってくるような感覚を覚えたものである。ニューヨークでは1920年代に作成された住宅地図を傍らに，ユダヤ教ソーシャルワーク訓練校の跡地等を訪ね歩いたことなど懐かしく思い出す。イスラエルでの現地調査では，筆者には20代半ばのイスラエル留学往時の思い出の風景があったが，30数年後に再び訪れてみてエルサレムをはじめイスラエル国内の風景が様変わりしていたのには驚いた。そのようなところからも早めに史資料を保存することの重要性を覚えた次第であった。

ユダヤ慈善の近代化が研究テーマの俎上に上がってきたのは，首都大学東京大学院に筆者の博士論文「ユダヤ慈善研究」を提出し終えた頃であった。当時，博士論文の査読をお願いしていた東京大学の市川裕先生（現，東京大学名誉教授）の研究室を，筆者の博士課程の指導教授であった岡田英己子先生と一緒に論文審査終了のご挨拶でお訪ねした帰りに，岡田先生から「次はユダヤ慈善の近代化の研究に取り組みましょう。とくに近代化に果たした女性の活動に着目しましょう」と課題をいただいてからである。筆者は自身の博士論文に改革派ユダヤ教とユダヤ人女性の活動によるユダヤ慈善の近代化を扱った章を当初は挿入していたが，提出間際に論文全体の構成の観点からその章を削除した経緯があった。それは，ユダヤ慈善の近代化については別立ての研究として取り組み，詳細な調査と分析を行う必要があるとの判断からであった。したがって，筆者としても研究継続の必要性を覚えていた。あれから 10 年を経て，なんとか研究成果を形にすることができた。しかしながら，岡田先生からいただいた課題の一部についてお応えしたに過ぎず，今後ともその達成に向けて研鑽に努める必要があろう。

なお，本書の出版に際しては，敬和学園大学学術図書出版助成費の交付を受けている。

最後になったが，ユダヤ慈善というかなり特殊な内容の出版をお引き受けくださった教文館の渡部満社長に御礼を申し上げたい。教文館出版部の髙橋真人次長には，拙著『ユダヤ慈善研究』に続き今回も大変お世話になった。豊田祈美子氏には校正等で行き届いた配慮をしていただいた。御礼を申し上げたい。

2023 年 6 月 12 日

田中 利光

資料

資料 1　1927 年当時のアメリカ合衆国におけるユダヤ人人口の比率

出典：Schneiderman（ed.）（1928）*American Jewish Year Book 5689*, 102, Table I をもとに筆者作成

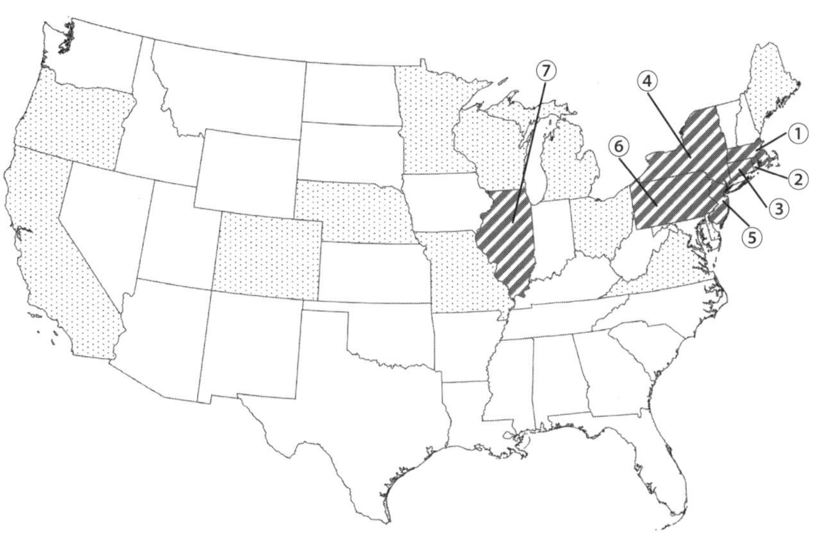

ユダヤ人人口　3.00% 以上の州（対角ストライプ）

①マサチューセッツ州（5.32%）　②ロードアイランド州（3.56%）
③コネティカット州（5.59%）　④ニューヨーク州（16.67%）
⑤ニュージャージー州（6.01%）　⑥ペンシルヴァニア州（4.16%）
⑦イリノイ州（4.74%）

1.00%～2.99%の州（点線）※コロンビア特別区を含む

メーン州（1.07%）　デラウェア州（2.18%）
コロンビア特別区（＝ワシントン DC）（2.96%）
ヴァージニア州（1.01%）　オハイオ州（2.59%）
ミシガン州（1.99%）　ウィスコンシン州（1.23%）
ミネソタ州（1.61%）　ミズーリ州（2.30%）
ネブラスカ州（1.02%）　コロラド州（1.89%）
オレゴン州（1.47%）　カリフォルニア州（2.78%）

1.00% 未満の州（無地）

上記以外の州

資料 2　ヘブライ共済会の徽章

出典：Tobias 1965

ここに描かれている人骨の挿絵は堕落した天使アザゼルの象徴で，その右手には大鎌が握られ，いっぱいに広げられた左手の骨指には砂時計が握られている（Tobias 1965 : 3)。

ヘブライ語の外枠の文字は「慈しみの行為のための隣人，タンムズ（第 4）の月（西暦の 6–7 月）の 5 日創設」で，内枠の文字は「慈善，死からの救済者」と記されている。下に書かれている文字は，数字に置き換えられる省略形文字で，544 年設立と表示されている。正確には 544 年ではなく 5544 年であるが，千の位が省略されている。ユダヤ暦の 5544 年タンムズの月の 5 日は，西暦 1784 年 6 月 24 日である。

資料 3　慈善鉢

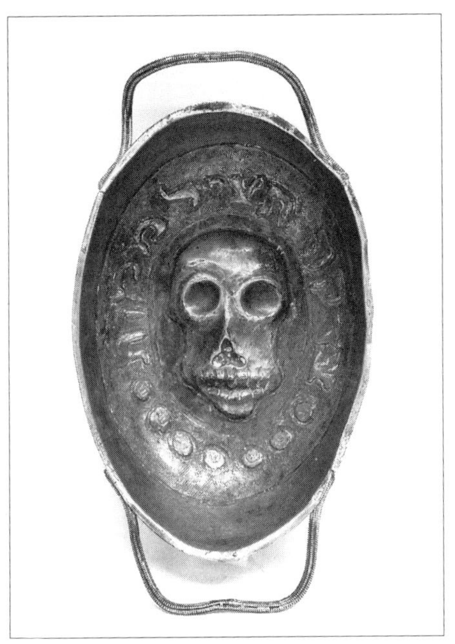

18–19 世紀に中東，おそらくペルシャで制作された，慈善箱（資料 4）と用途を同じくする鉢型の募金容器。銀製で髑髏を型押しした細工がみられる。ヘブライ語で「慈善は死から救う」と刻字されている。15 cm × 10 cm。（筆者所蔵）

資料 4　慈善箱

全体図：チェコ共和国東部のモラヴィア地方にあるニコルスブルク（Nikolsburg）の葬儀互助会が所有していた円筒形の慈善箱。錫製の素材に木目調のコーティングが施されている。頂部の突起状の部分が金銭投入口である。高さ 17 cm × 直径 11 cm。（筆者所蔵）

拡大図：文字部分の拡大図。上の二段はヘブライ語で「慈善は死から救う」と表示されている。下の二段には，この慈善箱がニコルスブルクの葬儀互助会のものである旨が記され，省略形文字を用いて 1890 年と表示されている。

資料 5　ヘブライ共済会 1870 年規約

出典：Tobias 1965 : 47, 60–62

1870 年規約

第 1 条

本会の名称はチャールストン・ヘブライ共済会（Hebrew Benevolent Society of Charleston）と称する。

第 2 条

第 1 項　役員は，会長，副会長，理事 3 名，書記役及び会計役とする。

第 2 項　役員は，毎月第 3 日曜日（ユダヤ教の祭日を除く）に，合法的に提起される業務を処理するために会合を開くものとする。

第 3 項　毎月の定例会議では，4 名の役員で定足数を構成し，50 ドルを超えない金額の支出について決定する権利を有するものとする。

第 4 項　本会の会員は会議を行う際にその会議への出席権を有するものとする。

第 3 条

第 1 項　記念祭は，12 月の第 3 水曜日に，会員の任意の会費によって支払われる会員間の晩餐会で祝うものとする。いかなる会員も委員会の承諾なしに招待客を招待することを禁じ，招待の許可を得た場合にはその招待客の料金は委員会に支払われるものとする。

第 2 項　役員と医師及びメッセンジャーの選出は記念祭において行われ，選出された人物は後任が選出されるまで，そして出席している大多数による投票によって選出が制定されるまで 1 年間の任期を満了するものとする。

第 3 項　欠員が発生した際には，滞りなく補充され，発生以前と同様に補充されるものとする。

第 4 条

第 1 項　本会のすべての会議における議長としての務めと議事規則と礼節の維持，そして規約に基づく罰金の執行や免除を会長の任務とする。書面によって 10 名の会員から要求された時や，そのほか必要であると思われる時には，臨時会議を開くよう全委員に推挙するものとする。会長は当規約に基づく議事規則に署名し，そこに記載された規則の下に行動するものとする。

第 2 項　副会長は，会長の職務を補佐し，必要な場合にはその職務を代行する義務を負う。副会長が不在の場合，その職務は出席している最年長の理事に委ねられ，また不在の場合は臨時に任命された委員に委ねられるものとする。

第3項　書記役及び会計役は，理事会の監督の下に，本会の帳簿及び会計を管理し，金銭的な事務を処理する義務を負うものとする。書記役及び会計役は，必要なときはいつでも理事会に出席し，理事会が要求する情報を提供しなければならない。召喚状を発行し，議事録を作成し，読み，罰金を記録し，欠席者を報告するものとし，その職務の忠実な遂行により滞納金の支払いを免除されるものとする。

第4項　理事は，本会における財務を監督するものとする。年次会議において書記役及び会計役の議事録，資金，そして帳簿について報告を行い，書記役と会計役による報告形態について推薦するものとする。手元にある金額が投資するに十分であると見なす際，最初の定例会議において同様に報告，また最適な投資計画を提案し，出席している会員の過半数の投票によって承認されなければならないものとする。

第5項　メッセンジャーは，書記役と会計役を招集し，同様に会員全員を招集して会費等の料金を徴収することを任務とする。メッセンジャーは，役員から委託される本会所有の物品の管理を担当し，メッセンジャーの給料は年額25ドル及び徴収したすべての滞納金と為替の5%とする。

第5条

第1項　本会の常設委員会は，共済委員会，調整委員会及び証書委員会とする。各委員会はそれぞれ3名の会員で構成され，年次会議にて会長により指名される。これら及びそのほかすべての委員会は過半数によって管理されるものとする。

第2項　共済委員会は，本会の慈善的目標の最適な判断にしたがって実行されるものとする。本市の住民が病気や苦痛に苛まれ，その病気や苦痛などが緩和可能な場合，共済委員会は30ドルを超えない範囲で必要な金額を充当し，その者の病気や苦痛などを治療する義務がある。本委員会は年4回の会議において，慈善基金の受取人の氏名，年齢，性別，支出額を報告し，すべての業務内容を報告するものとする。

第3項　開会中に出席する会員に対して，宿泊や応接などを快適に滞りなく執行できるように管理すること，また本会会員の葬儀及び参列に招待された場合における委員会の招集と手配は調整委員会の任務である。加えて，第3条の条項に基づく年次晩餐会の執行に必要な手配を担当するものとする。

第4項　会員申請書の第一読会で申請者の人格を報告することを，申請についての審議を四半期会議に延期するために時間を要する場合を除き，証書委員会の任務とする。

第6条

第1項　満18歳のユダヤ人は，書面による申請によって会員になることができ，その書面は本会役員の最初の会議で読まれるものとする。そののち，申請者は投票にかけられ，出席会員の過半数の票を獲得し，また入会費3ドルの支払いによって，会員とみなされるものとする。

第2項　退会もまた書面の提出によってなされるが，書記役や会計役によって滞納金が支払われたという報告がなされるまでは受諾されないものとする。

第3項　年次会議の時点で滞納している会員の氏名は書記役によって読み上げられるものとし，書記役は各過失者に次回の四半期会議への招集と，未払い金額を通知するものとする。そしてもし次回の四半期会議にて支払いの不履行又は拒否する場合は，それ以後会員としてみなされず，目録から除名されるものとする。支払いを滞納している会員が市中にいない場合には，書面で通知されるものとする。

第4項　各会員による月次寄付は50セントとする。

第5項　いかなる会員でも50ドルを支払うことで終身会員になれるものとする。

第7条

本会会員による四半期会議は3月，6月，9月の第3日曜日の午前10時に開かれるものとし，当日が祝日である場合には翌週の日曜日に開かれるものとする。年次総会は12月の水曜日の午後6時に開かれるものとする。

第8条

四半期会議に参加する会員数は10名とし，すべての業務処理を遂行する能力を有する者とする。

第9条

第1項　慈善的に支払われる金額は書記役と会計役の管轄とし，共済委員会長の書面による指示書において随時その額を支払うものとする。

第2項　会計役のもとにある50ドル以上の金額は本会の名称で銀行に預金されるものとし，会計役によって振り出された小切手は会長に副署されるものとする。

第10条

会員が会長に話しかける際に席から立たなければ50セントの罰金を負わされるものとする。

第 11 条

四半期会議において，本規約と矛盾しない附則や決議案が提案され，審議，通過された場合，本会の会員はそれを締結する権限を有するものとする。

第 12 条

いかなる規則も，本会に提示され，会議において読み上げられたのち，その次の四半期会議において出席会員の三分の二以上の投票によって承認されない限り，本規約の一部として採択されないものとし，すべての規則及び附則は，制定時と同様の方式でのみ修正または無効化されるものとする。

資料6　全米ユダヤ女性評議会の各支部とその設立年

※設立年（1893年）より1943年現在まで

出典：National Council of Jewish Women（ed.）（1943）*The First Fifty years: A History of the National Council of Jewish Women 1893-1943*, 88-91を改編し筆者作成

州（一部は国及び特別区）	支　部	設置年
アラバマ州	Mobile モビール	1895
	Montgomery モンゴメリー	1896
	Birmingham バーミンガム	1897
	Selma セルマ	1908
アリゾナ州	Phoenix フェニックス	1917
アーカンソー州	Little Rock リトルロック	1913
	El Dorado エルドラド	1926
	Pine Bluff パインブルフ	1938
カリフォルニア州	San Francisco サンフランシスコ	1900
	Los Angeles ロサンゼルス	1909
	Fresno フレズノ	1921
	San Diego サンディエゴ	1921
	Oakland オークランド	1925
	California-Peninsula カリフォルニア・ペニンシュラ	1938
	Imperial Valley インペリアル・ヴァレー	1938
	Modesto モデスト	1939
	North Bay ノースベイ	1939
	Kern County カーンカウンティ	1940
	Santa Barbara サンタバーバラ	1940
	Central Coast セントラルコースト	1941
	Monterey Bay モンテレーベイ	1941
コロラド州	Denver デンヴァー	1893
	Colorado Springs コロラドスプリングス	1920
コネティカット州	Hartford ハートフォード	1910
	New Haven ニューヘヴン	1911
	Bridgeport ブリッジポート	1915
	Norwich ノリッジ	1921
	Norwalk ノーウォーク	1922
コロンビア特別区	Washington ワシントン	1893
フロリダ州	Miami マイアミ	1922
	Tampa タンパ	1925
	Jacksonville ジャクソンヴィル	1939
	Orlando オーランド	1940

	Palm Beach パームビーチ	1940
	St. Petersburg セントピーターズバーグ	1940
ジョージア州	Atlanta アトランタ	1895
	Savannah サヴァンナ	1895
	Augusta オーガスタ	1919
	West Point ウェストポイント	1920
イリノイ州	Chicago シカゴ	1894
	Chicago Heights シカゴハイツ	1921
	Aurora オーロラ	1934
インディアナ州	Indianapolis インディアナポリス	1896
	Terre Haute テレオート	1898
アイオワ州	Sioux City スーシティ	1938
カンザス州	Topeka トピーカ	1921
	Leavenworth レヴェンワース	1922
ケンタッキー州	Louisville ルイヴィル	1896
	Lexington レキシントン	1942
ルイジアナ州	New Orleans ニューオーリンズ	1897
	Shreveport シュリーブポート	1907
メーン州	Portland ポートランド	1919
メリーランド州	Baltimore ボルティモア	1893
	Frederick フレデリック	1922
	Annapolis アナポリス	1937
マサチューセッツ州	Boston ボストン	1897
	Worcester ウースター	1905
	New Bedford ニューベッドフォード	1915
	Haverhill ヘーヴァーヒル	1922
	Springfield スプリングフィールド	1922
ミシガン州	Detroit デトロイト	1896
ミネソタ州	Minneapolis ミネアポリス	1893
	St. Paul セントポール	1894
	Duluth ダルース	1920
	Virginia-Eveleth ヴァージニア・エヴェレス	1929
	Hibbing ヒビング	1939
	Austin-Albert Lea オースティン・アルバート・リー	1941
ミズーリ州	Kansas City カンサスシティ	1894
	St. Louis セントルイス	1895
ネブラスカ州	Omaha オマハ	1896
ニューハンプシャー州	Portsmouth ポーツマス	1921
ニュージャージー州	Newark ニューアーク	1894
	Atlantic City アトランティックシティ	1916
	Paterson パターソン	1916

	Burlington County バーリントン・カウンティ	1918
	Camden カムデン	1918
	Elizabeth エリザベス	1918
	Jersey City ジャジーシティ	1919
	Asbury Park アズベリー・パーク	1920
	Bayonne ベイヨーン	1921
	Long Branch ロング・ブランチ	1921
	North Hudson ノース・ハドソン	1922
	Passaic パセイック	1922
	Perth Amboy パース・アンボイ	1922
	Plainfield プレーンフィールド	1922
	Trenton トレントン	1922
	Bergen County バーゲン・カウンティ	1923
	Lakewood レークウッド	1924
	Hoboken ホーボーケン	1926
	Palisades パリセード	1937
	Linden リンデン	1941
	Somerville サマーヴィル	1941
	Tri-County Suburban トリカウンティ・スバーバン	1941
	Westfield ウェストフィールド	1941
ニューヨーク州	Albany オールバニ	1893
	New York ニューヨーク	1894
	Brooklyn ブルックリン	1895
	Rochester ロチェスター	1895
	Elmira エルマイラ	1896
	Syracuse シラキュース	1896
	Yonkers ヨンカーズ	1913
	Amsterdam アムステルダム	1916
	Schenectady スケネクタディ	1916
	Utica ユーティカ	1916
	Jamaica ジャマイカ	1917
	Mount Vernon マウント・ヴァーノン	1920
	Staten Island スタテン島	1920
	South Shore サウス・ショー	1922
	White Plains ホワイト・プレーンズ	1922
	Mohawk Valley モホーク・ヴァレー	1923
	Hunter ハンター	1925
	Ellenville エレンヴィル	1926
	Port Chester ポート・チェスター	1926
	North Shore ノース・ショー	1927
	Long Beach ロング・ビーチ	1936

	Peninsula ペニンシュラ	1936
	Haverstraw ヘーバーストロー	1938
	Kew-Forest キュー・フォレスト	1938
	Rockaway ロッカウェイ	1938
	Port Jervis ポート・ジャーヴィス	1940
	Troy トロイ	1941
ノースカロライナ州	Raleigh ローリー	1910
	Greensboro グリーンズバロ	1921
	Winston-Salem ウィンストンセーレム	1925
	High Point ハイ・ポイント	1933
	Asheville アッシュヴィル	1938
	Piedmont ピードモント	1940
オハイオ州	Cincinnati シンシナティ	1895
	Marion マリオン	1895
	Cleveland クリーブランド	1896
	Youngstown ヤングズタウン	1896
	Columbus コロンブス	1918
	Akron アクロン	1920
	Springfield スプリングフィールド	1920
	Middletown ミドルタウン	1932
	Cambridge ケンブリッジ	1941
オクラホマ州	Tulsa タルサ	1917
	McAlester マッカリスター	1923
	Oklahoma City オクラホマシティ	1924
	Ada エーダ	1937
	Enid イーニッド	1941
オレゴン州	Portland ポートランド	1896
ペンシルヴァニア州	Philadelphia フィラデルフィア	1894
	Pittsburgh ピッツバーグ	1894
	Bradford ブラッドフォード	1896
	New Castle ニューキャッスル	1907
	Wilkes-Barre ウィルクスバリー	1912
	Shenango Valley シェナンゴ・ヴァレー	1915
	Beaver Valley ビーヴァー・ヴァレー	1917
	Johnstown ジョンズタウン	1917
	Butler バトラー	1918
	Greensburg グリーンズバーグ	1919
	York ヨーク	1919
	Connellsville コナーズヴィル	1920
	Coraopolis コラオポリス	1920
	Erie エリー	1920

	Lancaster ランカスター	1920
	Uniontown ユニオンタウン	1921
	Ambridge アンブリッジ	1922
	Lock Haven ロックヘーヴン	1924
	Scranton スクラントン	1926
	Ellwood City エルウッドシティ	1928
	Latrobe ラトローブ	1939
ロードアイランド州	Providence プロヴィデンス	1896
	Westerly ウェスターリー	1921
サウスカロライナ州	Charleston チャールストン	1906
	Spartanburg スパータンバーグ	1938
	Greenville グリーンヴィル	1939
	Pee Dee ピーディー	1941
テネシー州	Memphis メンフィス	1895
	Nashville ナッシュヴィル	1901
テキサス州	Fort Worth フォートワース	1901
	Waco ウェーコ	1903
	San Antonio サンアントニオ	1907
	Austin オースティン	1908
	Dallas ダラス	1913
	Galveston ガルベストン	1913
	Houston ヒューストン	1913
	El Paso エルパソ	1917
	Beaumont ボーモント	1918
	Sherman-Denison シャーマン・デニゾン	1919
	Port Arthur ポートアーサー	1921
	Sequin シークイン	1936
	Tri-County トリ・カウンティ	1936
	Brownsville ブラウンズヴィル	1942
	Rio Grande Valley リオグランデ・ヴァレー	1942
ユタ州	Salt lake City ソルトレイクシティ	1940
ヴァーモント州	Burlington バーリントン	1919
	Rutland ラトランド	1926
ヴァージニア州	Norfolk ノーフォーク	1905
	Richmond リッチモンド	1906
	Newport News ニューポートニューズ	1925
	Petersburg ピーターズバーグ	1936
	Portsmouth ポーツマス	1938
ワシントン州	Seattle シアトル	1900
	Tacoma タコマ	1915
ウィスコンシン州	Milwaukee ミルウォーキー	1895

	Racine ラシーン	1916
	Kenosha ケノーシャ	1919
	Madison マディソン	1924
	Manitowoc マニトウォック	1930
	Superior スペリオル	1942
カナダ	Montreal, Que. モントリオール，ケベック州	1896
	Toronto, Ont. トロント，オンタリオ州	1896
	Calgary, Alta. カルガリー，アルバータ州	1920
	Edmonton, Alta. エドモントン，アルバータ州	1920
	Hamilton, Ont. ハミルトン，アルバータ州	1920
	Vancouver, B. C. ヴァンクーヴァー，ブリティッシュコロンビア州	1924
	Winnipeg, Man. ウィニペグ，マニトバ州	1925
	Welland, Ont. ウェランド，オンタリオ州	1935
	Saskatoon, Sask. サスカトゥーン，サスカチェワン州	1936
	Fort William and Port Arthur, Ont. フォートウィリアム & ポートアーサー，オンタリオ州	1936
	Quebec City ケベックシティ	1939

資料 7　全米ユダヤ慈善会議第 1 回大会開催を伝える新聞記事

出典：ニューヨークタイムス，1900 年 6 月 12 日

NATIONAL JEWISH CHARITIES.

The Session Opens at Chicago—Reception to Delegates.

CHICAGO, June 11.—The first session of the National Conference of Jewish Charities in the United States opened at Sinai Temple to-day. The conference, which will last three days, comprises representatives of the various Jewish charitable organizations of the country, and was formed last year for the purpose of securing co-operation in efforts to improve the system of charity and to curb certain evils which the various organizations frequently have to contend with. The discussions will cover a wide range of interesting subjects having to do with causes of poverty and means of removing them and of aiding the needy.

The first session this morning was taken up with the address of the President, Max Senior of Cincinnati, and the report of the various committees.

At the afternoon session Prof. Morris Loeb of New York delivered an address on "Federation Versus Consolidation of Jewish Charities in a City," and Dr. M. Reitzenstein of New York spoke on "Relations of Bad Housing and Poverty."

This evening the visiting delegates attended a reception at the Lakeside Club.

資料 8　全米ユダヤ慈善会議第 1 回–第 4 回大会構成団体一覧

※一部個人参加を含む

出典：National Conference of Jewish Charities (ed.)（1900, 1902, 1904, 1907）所収資料をもとに筆者改編

地域	団体名	第1回	第2回	第3回	第4回
Albany, N. Y.	Hebrew Benevolent Society	○	○	○	○
Alexandria, Va.	Hebrew Benevolent Society				○
Atlanta, Ga.	Hebrew Benevolent Association	○			
Atlanta, Ga.	Hebrew Benevolent Society		○	○	
Atlanta, Ga.	Home for Hebrew Orphans			○	
Atlanta, Ga.	Federation of Jewish Charities				○
Atlanta, Ga.	Hebrew Orphan Home				○
Baltimore, Md.	Hebrew Benevolent Society	○	○	○	○
Birmingham, Ala.	Hebrew Relief Society			○	○
Bloomington, Ill.	The Jewish Ladies' Aid Society				○
Boston, Mass.	Hebrew Benevolent Society	○	○		
Boston, Mass.	Federation of Jewish Charities			○	○
Boston, Mass.	Hebrew Women's Sewing Society		○	○	○
Braddock, Pa.	Braddock Lodge				○
Buffalo, N. Y.	Hebrew Board of Charities	○	○	○	
Buffalo, N. Y.	Federated Jewish Charities				○
Butte, Mont.	Hebrew Benevolent Society		○	○	○
Charleston, S. C.	Hebrew Benevolent Society	○	○	○	○
Charleston, W. Va.	Hebrew Educational Society				○
Chattanooga, Tenn.	Mispah Congregation Relief Society		○	○	○
Chicago, Ill.	Bureau of Personal Service				○
Chicago, Ill.	Council of Jewish Women				○
Chicago, Ill.	Home of Jewish Friendless Working Girls			○	○
Chicago, Ill.	Home for Jewish Orphans			○	○
Chicago, Ill.	United Hebrew Charities	○	○	○	○
Cincinnati, O.	United Jewish Charities	○	○	○	○
Cleveland, O.	The Federation of Jewish Charities				○
Cleveland, O.	Hebrew Relief Association	○	○	○	○
Cleveland, O.	Jewish Orphan Asylum			○	○
Colo. Springs, Colo.	Hebrew Benevolent Society			○	○
Columbus, O.	Hebrew Benevolent Association		○		
Columbus, O.	Jewish Charities				○
Columbus, O.	Ladies' Hebrew Benevolent Society			○	○

Cumberland, Md.	Be'er Chayim Congregation				○
Dallas, Tex.	Hebrew Benevolent Society	○	○	○	○
Dallas, Tex.	Congregation EmanuEl				○
Dayton, O.	Hebrew Ladies' Relief Society		○		
Dayton, O.	Dayton Provident Union				○
Denver, Colo.	Jewish Charity Association	○	○		
Denver, Colo.	Jewish Relief Society			○	○
Des Moines, Ia.	Hebrew Ladies' Benevolent Society			○	○
Detroit, Mich.	United Jewish Charities	○	○	○	○
Duluth, Minn.	Temple Aid Society				○
El Paso, Tex.	Mt, Sinai Congregation				○
Evansville, Ind.	Ladies' Hebrew Benevolent Society			○	
Evansville, Ind.	Hebrew Benevolent Society				○
Fort Wayne, Ind.	Hebrew Relief Union				○
Gainesville, Tex.	United Hebrew Congregation				○
Galveston, Tex.	The Hebrew Benevolent Society	○	○		○
Hot Springs, Ark.	House of Israel Relief Society	○	○		
Hot Springs, Ark.	Hot Springs Relief Society				○
Houston, Tex.	Beth Israel Relief Society			○	○
Houston, Tex.	United Hebrew Benevolent Society			○	
Houston, Tex.	The United Hebrew Benevolent Association		○		○
Indianapolis, Ind.	Hebrew Ladies' Benevolent Society	○	○		
Indianapolis, Ind.	Ladies' Hebrew Benevolent Society			○	○
Ithaca, N. Y.	Mr. Jacob Rothschild				○個人
Kalamazoo, Mich.	Congregation B'nai Israel				○
Kansas City, Mo.	Jewish Charity Association	○			
Kansas City, Mo.	United Jewish Charities		○	○	○
Kansas City, Mo.	Hebrew Ladies' Relief Association				○
Lafayette, Ind.	Jewish Ladies' Aid Society		○	○	○
Lancaster, Pa.	United Hebrew Charity Association			○	○
Lincoln, Neb.	The Jewish Ladies' Aid Society				○
Little Rock, Ark.	Hebrew Benevolent Society	○	○	○	
Little Rock, Ark.	Hebrew Relief Society				○
Los Angeles, Cal.	Hebrew Benevolent Society	○	○	○	○
Louisville, Ky.	Congregation Adath Israel				○
Louisville, Ky.	United Hebrew Relief Association	○	○	○	○
Macon, Ga.	Congregation Beth El				○
Mattapan, Mass.	Leopold Morse Home and Orphanage			○	○
Memphis, Tenn.	The Hebrew Ladies' Relief Association				○
Memphis, Tenn.	United Hebrew Relief Association	○	○	○	○
Meridian, Miss.	Meridian Jewish Orphans' Home and Benevolent Association				○

Milwaukee, Wis.	Hebrew Relief Association	○	○	○	○
Minneapolis, Minn.	Hebrew Ladies' Benevolent Society	○	○	○	○
Mobile, Ala.	Hebrew Benevolent Association	○			
Mobile, Ala.	Hebrew Benevolent Society		○		
Mobile, Ala.	United Hebrew Charities			○	○
Montgomery, Ala.	United Hebrew Charities	○		○	○
Nashville, Tenn.	Hebrew Relief Society	○	○	○	○
Natchez, Miss.	Hebrew Relief Association			○	○
Newark, N. J.	Hebrew Orphan Asylum		○	○	
Newark, N. J.	Hebrew Benevolent Society		○	○	○
New Haven, Conn.	Hebrew Benevolent Association	○			
New Haven, Conn.	Hebrew Benevolent Society		○	○	○
New Orleans, La.	Hebrew Benevolent Society			○	
New Orleans, La.	Association Relief of Jewish Widows and Orphans			○	○
New Orleans, La.	Touro Infirmary Association	○	○		
New Orleans, La.	Touro Infirmary and Hebrew Benevolent Association				○
New York, N. Y.	Hebrew Benevolent Society			○	
New York, N. Y.	The Free Synagogue				○
New York, N. Y.	Hebrew Free Loan Association			○	○
New York, N. Y.	United Hebrew Charities	○	○	○	○
New York, N. Y.	Young Men's Hebrew Association				○
Niagara Falls, N. Y.	Ladies' Hebrew Benevolent Society				○
Norfolk, Va.	Ladies' Hebrew Benevolent Society				○
Oakland, Cal.	Daughters of Israel Relief Society	○	○	○	○
Paducah, Ky.	Congregation Temple Israel				○
Pensacola, Fla.	Congregation Beth El				○
Peoria, Ill.	Hebrew Relief Association		○	○	○
Philadelphia, Pa.	Home for Hebrew Orphans			○	○
Philadelphia, Pa.	Jewish Foster Home			○	
Philadelphia, Pa.	The Jewish Foster Home and Orphan Asylum				○
Philadelphia, Pa.	The Orphans' Guardians			○	○
Philadelphia, Pa.	United Hebrew Charities	○	○	○	○
Philadelphia, Pa.	Young Women's Union				○
Phoenix, Ariz.	Mr. S. Oberfelder				○個人
Pine Bluff, Ark.	Hebrew Relief Association				○
Pittsburg, Pa.	United Hebrew Relief	○			
Pittsburg, Pa.	United Hebrew Relief Association		○	○	○
Portland, Ore.	Hebrew Benevolent Association			○	
Portland, Ore.	First Hebrew Benevolent Association				○
Portland, Ore.	Jewish Women's Benevolent Society			○	○
Portsmouth, O.	Ladies' Aid Society				○

Reading, Pa.	Ladies' Hebrew Aid Society				○
Richmond, Va.	Congregation Beth Ahabah				○
Richmond, Va.	Ladies' Hebrew Benevolent Society		○		
Richmond, Va.	Hebrew Ladies' Benevolent Society	○		○	○
Rochester, N, Y.	Jewish Orphan Asylum Association of Western N. Y.			○	○
Rochester, N, Y.	United Jewish Charities	○	○	○	○
Salt Lake City, Utah	Jewish Relief Society	○	○	○	○
San Antonio, Tex.	Montefiore Benevolent Society			○	○
San Francisco, Cal.	Emanuel Sisterhood				○
San Francisco, Cal.	Eureka Benevolent Society	○	○		
San Francisco, Cal.	Eureka Benevolent Association			○	○
San Francisco, Cal.	Pacific Hebrew Orphan Asylum			○	○
Savannah, Ga.	Congregation Mickva Israel				○
Savannah, Ga.	Hebrew Ladies' Benevolent Society	○			
Savannah, Ga.	Ladies' Hebrew Benevolent Society		○	○	○
Scranton, Pa.	Jewish Ladies' Relief Society			○	○
Sioux City, Ia.	Jewish Ladies' Aid Society				○
Staten Island, N. Y.	Hebrew Benevolent Society				○
St. Joseph, Mo.	Jewish Ladies' Benevolent Society	○	○	○	○
St. Louis, Mo.	United Jewish Charities	○	○		
St. Louis, Mo.	Jewish Charitable and Educational Union			○	○
St. Paul, Minn.	Ladies' Hebrew Relief Society	○	○		
St. Paul, Minn.	Beekor Cholim Society				○
St. Paul, Minn.	The Jewish Relief Society			○	○
St. Paul, Minn.	Sisters of Peace Relief Society			○	○
Syracuse, N. Y.	United Jewish Charities			○	○
Terre Haute, Ind.	Jewish Aid Society		○	○	○
Toledo, O.	Hebrew Ladies' Benevolent Society		○	○	○
Troy, N. Y.	Ladies' Society, Berith Shalom Congregation				○
Vicksburg, Miss.	Ladies' Hebrew Benevolent Society			○	○
Vicksburg, Miss.	Associated Jewish Charities				○
Waco, Tex.	The Hebrew Benevolent Society				○
Washington, D. C.	The United Jewish Charities		○		
Washington, D. C.	The United Hebrew Charities	○		○	○
Wheeling, W. Va.	United Hebrew Charities		○	○	○
Wheeling, W. Va.	Congregation Leshem Shomayim				○
Wilkes-Barre, Pa.	Y. M. H. A. Ladies' Auxiliary		○	○	○
Wilmington, Del.	Hebrew Charity Association		○	○	○
Youngstown, O.	Youngstown Hebrew Charity Society				○

資料 9　全米ユダヤ女性評議会規約

出典：National Council Jewish Women 1908
註記：丸括弧書きは筆者による補足

全米ユダヤ女性評議会規約

1909 年施行

1908 年 12 月にオハイオ州シンシナティで開催された第 5 回トリエンナーレ会議（「3 年に 1 度の会議」以下同様）において発表されたものである。

前文

われわれユダヤ人女性は，親密な交わり，思想と目的のより大きな団結，そしてより優れた業績が広範な組織の結果としてもたらされると確信している。したがって宗教，博愛（慈善），教育の分野で人類の最善かつ最高の利益を促進するため実務者の連合体として結束する。

第 1 条

名称

この組織は，ユダヤ女性評議会（THE COUNCIL OF JEWISH WOMEN）と称する。

第 2 条

目的

この組織の目的は，研究手段を提供することにより，ユダヤ教のためにさらに団結した努力をすること，有機連合によってユダヤ人女性間のより緊密な関係をもたらすこと，コミュニケーションや共通の関心のある仕事を遂行することについての思考や手段を交換するための媒体を提供すること，宗教，博愛（慈善）及び教育をとおして社会改良の取り組みをさらに統合すること，である。

第 3 条

役員

第 1 項　　この組織の役員は，会長，第一・第二副会長，事務局長，書記役，会計役，監査役及び 10 名の理事からなり，監査役を除く全員が常任委員会の委員長とともに，執行委員会を構成する。

全国委員会の役員，理事又は委員は，居住する都市の支部又はそのような支部がない場合は州の支部の有料会員か，評議会の特別会員又は有料会員でなければならない。

良好な状態の支部の会員，支部のない都市の評議会の特別会員又は有料会員は，全国組織のいかなる役職にも就く資格があるものとする。

支部が全国組織の構成メンバーとして継続しない場合は，第3条第1項に従う場合を除き，その構成メンバーの役職に空席が生じる。

第2項　一般役員7名及び理事は，トリエンナーレ会議において投票により選出される。理事5名はトリエンナーレ会議で選出され，その任期は6年間とする。名誉副会長もトリエンナーレ会議において選出することができる。

各州，準州，又は全国の副会長は，各支部の長と協議の上，会長が任命することができ，その任命には執行委員会の承認を必要とする。

常任委員会のすべての役員，理事，及び委員長は，後任者が選出または任命されるまで，それぞれの役職を務めるものとする。

委員会

第3項　10の常任委員会は，宗教，宗教学校，博愛（慈善），ジュニア部門，互恵，平和と仲裁，移民支援，教育，報道の純度，財務からなり，これらは会長によって指定されるものとする。

そのほか委員会は，必要に応じて会長が指定することができる。

会長及び事務局長は，全国委員会の職権上の委員となる。

指名委員会

第4項　トリエンナーレ会議では評議会を代表する各州，準州または郡から1名の委員から成る指名委員会が設置され，その委員は，会議においてその州から出席した代議員の過半数によって選出されるものとする。この委員会は自ら委員長を選出し，投票すべき役員及び理事の票を会議に提出しなければならない。

第4条

役員の任務

会長

第1項　評議会及び執行委員会のすべての会議を主催し，職務に関連するそのほかの通常任務を遂行することは会長の務めである。会長はすべての全国委員会を指定し，州，準州又は郡ごとに副会長を任命することができる。

副会長

第2項　会長の不在下で会長の職務を遂行することは副会長の務めである。州，準州又は郡の各副会長はその者が委員長となる委員会もしくは組織委員会を任命する責任がある。これらの委員会は可能な限り支部を編成し，既存の支部を支援するものとする。そしてこれらの委員会は，評議会の事務局長を隔月，州，準州又は郡の執行委員会の会議に出席させ，投票以外のすべての特権を与えることができるものとする。

書記役

第３項　全国執行委員会及びトリエンナーレ会議で議事録を作成し，次の会議においてこれを朗読することは書記役の務めである。その議事録から会長のために業務命令を作成し，送られたすべての文書を保存し，トリエンナーレ会議で提示される報告書を準備するものとする。

事務局長

第４項　評議会のすべての通信，すべての通知への出席，印刷，そしてこの事務局に関連するそのほかの通常職務を実行することは事務局長の務めである。また全国執行委員会の年次総会及びトリエンナーレ会議で提示される報告書を準備するものとする。事務局長は評議会の機関紙である会報の編集長となる。

事務局長は，執行委員会が定める給与を受け取るものとする。

会計役

第５項　会計役は，各支部からの会費，後援者からの年会費，そのほか評議会に納付すべき又は納付されるすべての金銭を徴収し，受領する義務を負う。会計役は評議会の資金の管理者として，会長と事務局長の命令によってのみ，その資金を支払うことができる。また，執行委員会が決定する金額の証書を宛がわなければならない。会計役はすべての金銭の出納について証憑を取り，提出し，すべての受領，収入及び支出を記録しなければならない。会計役は毎年書面で執行委員会に報告書を正副二通作成し，会長及び事務局長に送付する。また，評議会の財務に関する完全な報告書を書面で作成し，トリエンナーレ会議で提出するものとする。この報告書には，各支部からの会費，そのほかの財源からの収入及び支出の明細が含まれる。また，会長の要請があればいつでも同様の会計を行うものとする。

会計役は，会計年度終了後，会計帳簿を監査役に提示し，その閲覧を求めなければならない。

第６項　会計年度末に毎年会計を監査し，全国執行委員会の会議及びトリエンナーレ会議に報告するのは監査役の任務である。

執行委員会

第７項　執行委員会は評議会の事務を総括し，規約を執行する権限を有するものとする。本委員会は，3年に1度，自らの組織に生じるすべての欠員を補充しなければならない。

執行委員会は，その決定する日時及び場所において，年次総会を開催する。書記役が不在の場合は，臨時の書記役を選出しなければならない。年次総会における審議の結果の報告は，事務局長を通じて，評議会のすべての役員及び各支部に送付されるものとする。

会報

評議会の機関紙として，四半期ごと又はそれ以上の頻度で機関紙を発行することができ，この機関紙は，評議会の全会員に無料で送付されるものとする。事務局長は会報の編集長を務めるものとする。

第5条

委員会の任務

宗教（委員会）

第1項　　宗教委員会は5名の会員で構成され，委員長は職権で執行委員会の委員となる。本委員会は，任命後2か月以内に，ユダヤの宗教，歴史，文学の研究計画を作成し，会長及び事務局長の双方に提出し承認を受けるものとし，この計画は評議会の各委員会で使用されるものとする。

委員長は年次報告書を書面で作成し，6月1日までに会長及び事務局長の双方に送付するものとする。この報告には，その年度に委員会及び支部が行った業務の報告及び次年度以降の業務を改善するための提案が盛り込まれていなければならない。委員長は年次執行委員会用の補足報告書と，トリエンナーレ会議に提出する3年ごとの同様の報告書を作成しなければならない。

宗教学校（委員会）

第2項　　宗教学校委員会は5名の会員で構成され，委員長は職権で執行委員会の委員となる。本委員会は，宗教学校の現状と改善を研究活動の任務とし，宗教を学ぶためのクラスや学校を，まだ提供されていないすべてのユダヤ人の子どもたちに提供するよう努めることである。任命後2か月以内に，研究及び作業の計画書を作成し，会長及び事務局長の双方に提出し承認を受けるものとし，この計画は評議会の各委員会で使用されるものとする。この計画書には，その年度に委員会及び支部が行う業務と，次年度以降の業務をより良くするための提案が盛り込まれていなければならない。

委員長は年次報告書を書面で作成し，6月1日までに会長及び事務局長の双方に送付するものとする。この報告には，その年度に委員会及び支部が行った業務の報告及び次年度以降の業務を改善するための提案が盛り込まれていなければならない。委員長は年次執行委員会用の補足報告書と，トリエンナーレ会議に提出する3年ごとの同様の報告書を作成しなければならない。

博愛（委員会）（慈善委員会）

第3項　博愛（慈善）委員会は5名の会員で構成され，委員長は職権で執行委員会の委員となる。本委員会は，任命後2か月以内に，評議会の各部会が使用する研究及び作業の計画を作成し，会長及び事務局長の双方に提出し承認を受けるものとする。

委員長は年次報告書を書面で作成し，6月1日までに会長及び事務局長の双方に送付するものとする。この報告には，その年度に委員会及び支部が行った業務の報告及び次年度以降の業務を改善するための提案が盛り込まれていなければならない。委員長は年次執行委員会用の補足報告書と，トリエンナーレ会議に提出する3年ごとの同様の報告書を作成しなければならない。

互恵（委員会）

第4項　互恵委員会は5名の会員で構成され，委員長は職権で執行委員会の委員となる。本委員会は，支部間の講演者の往来を奨励し，手配すること，支部で発表された論文や講演が保管され，支部がそれらを入手できる事務局を維持することを任務とする。任命後2か月以内に，入手できる論文やスライドのリストと，その業務を効果的にするための計画を作成し，会長と事務局長の双方に提出し承認を受けなければならない。本委員会は，送付されたすべての書類について，事務局で扱うに値するかどうかを判断するものとする。本委員会はさらに，各支部間の情報交換の媒介となるものとする。

委員長は年次報告書を書面で作成し，6月1日までに会長及び事務局長の双方に送付するものとする。この報告には，その年度に委員会及び支部が行った業務の報告及び次年度以降の業務を改善するための提案が盛り込まれていなければならない。委員長は年次執行委員会用の補足報告書と，トリエンナーレ会議に提出する3年ごとの同様の報告書を作成しなければならない。

ジュニア部門（委員会）

第5項　ジュニア部門委員会は5名の会員で構成され，委員長は職権で執行委員会の委員となる。本委員会は，15歳から25歳までの少年少女から成るジュニア部門を組織することを任務とする。また，任命後2か月以内に，ジュニア部門間の論文等の交換のための互恵部を組織するものとする。ジュニア部門のための学習及び作業の計画を作成し，これを会長及び事務総長の双方に提出し，承認を得るものとし，ジュニア部門がこれを使用するものとする。

委員長は年次報告書を書面で作成し，6月1日までに会長及び事務局長の双方に送付するものとする。この報告には，その年度に委員会及び支部が行った業務の報告及び次年度以降の業務を改善するための提案が盛り込まれていなければならない。委員長は年次執行委員会用の補足報告書と，トリエンナーレ会議に提出する3年ごとの同様の報告書を作成しなければならない。

平和と仲裁（委員会）

第6項　平和と仲裁委員会は5名の会員で構成され，委員長は職権で執行委員会の委員となる。本委員会は，対応する地方委員会を通じて，平和と仲裁を主題とする年次総会を手配すること，国内及び国際女性評議会の平和委員会の計画に可能な限り従うこと，またほかの平和運動と協力し報告することを任務とするものとする。任命後2か月以内に，各支部が使用する作業計画を作成し，会長及び事務局長の双方に提出し，承認を得なければならない。

委員長は年次報告書を書面で作成し，6月1日までに会長及び事務局長の双方に送付するものとする。この報告には，その年度に委員会及び支部が行った業務の報告及び次年度以降の業務を改善するための提案が盛り込まれていなければならない。委員長は年次執行委員会用の補足報告書と，トリエンナーレ会議に提出する3年ごとの同様の報告書を作成しなければならない。

移民支援（委員会）

第7項　移民支援委員会は，任命後2か月以内に，少女と女性の保護，援助，教育のための活動計画及びこの目的のための支部間の協力計画を作成し，会長及び事務局長の双方に提出し，承認を得ることを任務とする。移民支援委員会は，結成後2か月以内に少女と女性の保護，援助，教育のため，そしてこの目的のための支部間の協力についての作業計画を承認のため正副2通準備し，会長と事務局長に提出するものとする。これは各支部で使用される。

委員長は年次報告書を書面で作成し，6月1日までに会長及び事務局長の双方に送付するものとする。この報告には，その年度に委員会及び支部が行った業務の報告及び次年度以降の業務を改善するための提案が盛り込まれていなければならない。委員長は年次執行委員会用の補足報告書と，トリエンナーレ会議に提出する3年ごとの同様の報告書を作成しなければならない。

教育（委員会）

第8項　教育委員会は5名の会員で構成され，委員長は職権で執行委員会の委員となる。本委員会は，任命後2か月以内に，各支部が使用する研究計画及び作業計画を作成し，会長及び事務局長の双方に提出し，承認を得なければならない。

委員長は年次報告書を書面で作成し，6月1日までに会長及び事務局長の双方に送付するものとする。この報告には，その年度に委員会及び支部が行った業務の報告及び次年度以降の業務を改善するための提案が盛り込まれていなければならない。委員長は年次執行委員会用の補足報告書と，トリエンナーレ会議に提出する3年ごとの同様の報告書を作成しなければならない。

報道の純度（委員会）

第9項　報道の純度委員会は5名の会員で構成され，委員長は職権で執行委員会の委員となる。この委員会は，出版物から好ましくない事柄を削除するよう求める世論を形成することを任務とし，任命後2か月以内に，作業計画を作成し，会長及び事務局長の双方に提出しなければならない。

委員長は年次報告書を書面で作成し，6月1日までに会長及び事務局長の双方に送付するものとする。この報告には，その年度に委員会及び支部が行った業務の報告及び次年度以降の業務を改善するための提案が盛り込まれていなければならない。委員長は年次執行委員会用の補足報告書と，トリエンナーレ会議に提出する3年ごとの同様の報告書を作成しなければならない。

財務（委員会）

第10項　財務委員会は5名の会員で構成され，委員長は職権で執行委員会の委員となる。本委員会は，評議会の活動を拡大するのに十分な国庫に納めるべき資金を確保する目的で，評議会に後援者と加入者を確保することを任務とする。

委員長は年次報告書を書面で作成し，6月1日までに会長及び事務局長の双方に送付するものとする。この報告には，その年度に委員会及び支部が行った業務の報告及び次年度以降の業務を改善するための提案が盛り込まれていなければならない。委員長は年次執行委員会用の補足報告書と，トリエンナーレ会議に提出する3年ごとの同様の報告書を作成しなければならない。

第6条

支部

シニア部門

第1項　本組織の支部（The Council of Jewish Women の支部として知られる）は，米国の都市及びそのほかの可能な場所に形成されるものとする。支部には会員がおり，その支払額は毎年2ドルで，5月1日に前払いし，その2分の1を国庫に納めるものとする。各支部は，シニア部門の規約に準拠するものとし，会長及び書記役を通じて，前回のトリエンナーレ会議で改正されたユダヤ女性評議会の規約及びシニア部門のための規約を受け入れ，署名しなければならない。

ジュニア部門

第2項　ユダヤ・ジュニア評議会の支部として知られるジュニア部門を，米国の都市に形成するものとする。各ジュニア部門は，ジュニア部門のための規約に従うものとし，会長及び書記役を通じて，前回のトリエンナーレ会議で改正されたユダヤ女性評議会の規約及びジュニア部門のための規約を受け入れ，署名しなければならない。ジュニア部門には，毎年1ドルを支払うべき会員がおり，5月1日に前払いし，その3分の1を国庫に納めるものとする。

第7条

シニア部門の任務

規約

第1項　各支部は，その会長及び書記役を通じて，前回のトリエンナーレ会議で採択された評議会規約及びシニア部門の規約を承認し，署名するものとする。

会費

第2項　各支部は，その会計役を通じて，6月，11月，1月，3月及び4月の初日に，これらの期日までに徴収した会費の2分の1を国庫に納めるものとする。

会議

第3項　各支部は，10月から5月まで毎月1回以上会議を開催するほか，評議会及び部会の計画を遂行するために必要なそのほかの会議を開催するものとする。

報告書

11月，1月，3月の各初日までに，事務局を通じて，評議会の執行委員会が用意した書式に，その進捗，作業，計画に関する報告書を，また，5月初日までに年次報告書を評議会の執行委員会に送付するものとする。

作業

第4項　各支部は，執行委員会及び全国常任委員会及び特別委員会から発信された計画を実行に移すものとする。

代表者

第5項　各支部は，評議会のトリエンナーレ会議に，会長と代表者1名又はその代理人を派遣しなければならない。

トリエンナーレ（会議）

第6項　評議会のトリエンナーレ会議において，各支部は2票の投票権を有し，会長及び代表者又はその代理が投票するものとする。

すべての会員は，トリエンナーレ会議において，質問を行い，すべての討議に参加する特権を有するが，動議を提出し投票することはできない。

ジュニア部門

第7項　ジュニア部門は，第7条の上記各項に従うものとする。ただし，ジュニア部門は，トリエンナーレ会議において，会長もしくは代表者又はその代理人が，役員の選挙において1票及びジュニア部門に関する事項において2票を投じる権利を有するものとする。

第8条

会費

第1項　会計年度は，5月1日から4月30日までとする。

第2項　支部の会費は，毎年2ドルを5月1日に前納するものとし，その2分の1は評議会の一般会計に納めるものとする。当該年度の3月1日以降に入会した会員は，翌年度に計上されるものとする。6月，11月，1月，3月及び4月の初日に，これらの日までに集められたシニア会費の2分の1及びジュニア会費の3分の1を，各地域のシニア会計及びジュニア会計が評議会の会計に送付するものとする。この資金から，事務局長の給与及び評議会のそのほかの経費が支払われるものとする。また，このなかから，トリエンナーレ会議及び全国執行委員会の会合のために発生する費用を支出するものとする。

第3項　評議会への入会は，支部への入会を通じて行うものとする。ただし，評議会の支部が存在しない市及び町村は除く。評議会の部会が存在しない市及び町村に居住する女性は，年会費2ドルを5月1日に前払いで国庫に納めることにより，特別会員となることができる。

後援者あるいは定期会員

第4項　評議会の定期会員の等級制を設け，以下のように指定するものとする。定期会員5.00ドル，後援者10.00ドルから25.00ドル。準寄付者25.00ドルから50.00ドル。寄付者50.00ドルから100.00ドル。会友100.00ドル。100ドル以上支払う場合，組織のすべての特権及び会議での投票権を除く代表者のすべての特権を享受できる。

終身会員

500ドルの支払いで終身会員となり，投票権を除く評議会のすべての特権を得ることができる。

第9条

会議

第1項　会議は，3年に1度，執行委員会が決定した場所と時期に開催されるものとする。そのほか，特別な目的のために，執行委員会が会議を招集することができる。

第2項　評議会の各支部は，会長及び代表者1名又はその代理人を，トリエンナーレ会議に派遣するものとする。各支部は，2票の投票権を有し，代表者又は代理人によって投票される。会議の投票権者は次のとおりである。すなわち，会長，第一副会長及び第二副会長，各州の副会長，事務局長，書記役，会計役，監査役，10名の理事，各支部の会長及び代表者又はその代理人及び全国委員会の委員長である。評議会のすべての構成員は，会議において質問を行い，すべての討議に参加する特権を有するが，動議を提出し投票することはできないものとする。

トリエンナーレ会議で報告するために任命された特別委員会の委員長は，会議の一員であり，動議を提出し投票する権利があるものとする。

執行委員会

第3項　執行委員会は，その定める日時及び場所において，年次総会を開催するものとする。臨時会議は，会長又は執行委員会の構成員5名の招集により開催される。

執行委員会は構成員7名をもって定足数とする。

第10条

この規約は，評議会のトリエンナーレ会議において，出席者の過半数の投票により改正することができる。改正案の通知は，トリエンナーレ会議の1か月前までに各支部に送付されるものとする。

本評議会の会議は，ロバート議事規則（Robert's Rules of Order）に準拠するものとする。

資料 10　エミール・ハーシュの家系

※部分的な記載（筆者作成）

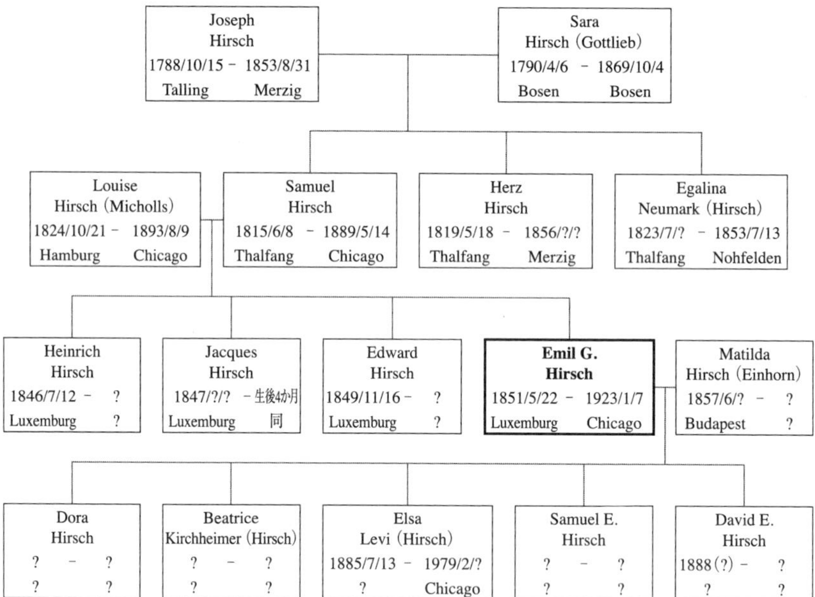

資料 11　シナイ・ソーシャルセンターのプログラム

※部分的な訳載

出典：Sinai Social Center（1914）をもとに筆者作成

ユダヤ教	
ユダヤ史と宗教	金曜日 8:00 P. M.
今日のユダヤ人の話題	
ユダヤ慈善（※原文では Jewish Philanthropy）	
ヘブライ語	
イディシュ文学	
ヘブライ語学校	毎日 4:00-6:00 P. M.
聖書クラス	
堅信者クラス	
普通学校クラス	
モンテッソーリ学校	
2-6 歳児	毎日 9:00-11:30 A. M.
音楽	
ミュージカル・コメディクラブ	土曜日 10:00 A. M.
グリークラブ	
児童のオーケストラ	
成人のオーケストラ	木曜日 8:00 P. M.
クラブ	
シェークスピア・クラブ	木曜日 8:00 P. M.
自由フォーラム	
体育クラブ	
ボーイスカウト	金曜日 8:00 P. M.
Chicago Association of Jewish Women	第 2 月曜日
Chicago Woman's Aid	第 1・第 3 火曜日
Mothers' Aid	第 2・第 4 水曜日
Sinai Temple Sisterhood	第 1・第 3 月曜日
遊戯室	
少年・少女の遊戯室	毎日 4:00-6:00 P. M.
家庭科（裁縫）	
女子生徒・女学生対象	火・金曜日 4:00-6:00 P. M.
既婚女性(Sr.) 対象	火・金曜日 10:00-12:00 A. M.
既婚女性(Jr.) 対象	月・木曜日 7:30-9:30 P. M.
講義	
文学，美術，科学講義	月曜日 7:30-9:30 P. M.

ダンス	
成人クラス	土曜日 8:00-12:00 P. M.
児童クラス	
演劇	
成人クラス	月・木曜日 8：00 P. M.
児童クラス	土曜日 4:00 P. M.
演劇研究会	木曜日 8:00 P. M.
体操・水泳	
既婚男性(Sr.)	月・木曜日 8:00 P. M.
既婚男性(Jr.)	火・土曜日 8:00 P. M.
小・中学生男子 1	火曜日 3:45 P. M.
	土曜日 3:00 P. M.
小・中学生男子 2	木曜日 3:45 P. M.
	土曜日 4:00 P. M.
高校生男子	月曜日 3:45 P. M.
	金曜日 3:45 P. M.
既婚女性(Sr.) 1	月・木曜日 10:00 A. M.
既婚女性(Sr.) 2	火・金曜日 2:00 P. M.
既婚女性(Jr.) 初心者	水・金曜日 7:15 P. M.
既婚女性(Jr.) 経験者	水・金曜日 8:15 P. M.
小中学生女子	水・土曜日 10:00 A. M.
女子高校生	水曜日 4:45 P. M.
	土曜日 11:00 A. M.
現代語	
ドイツ語	金曜日 4:00 P. M.
	火曜日 8:00 P. M.
フランス語	月・木曜日 8:00 P. M.
イタリア語	水曜日 8:00 P. M.
英語	月曜日 8:00 P. M.

資料 12　ハンナ・ソロモンを中心にみたユダヤ慈善の近代化

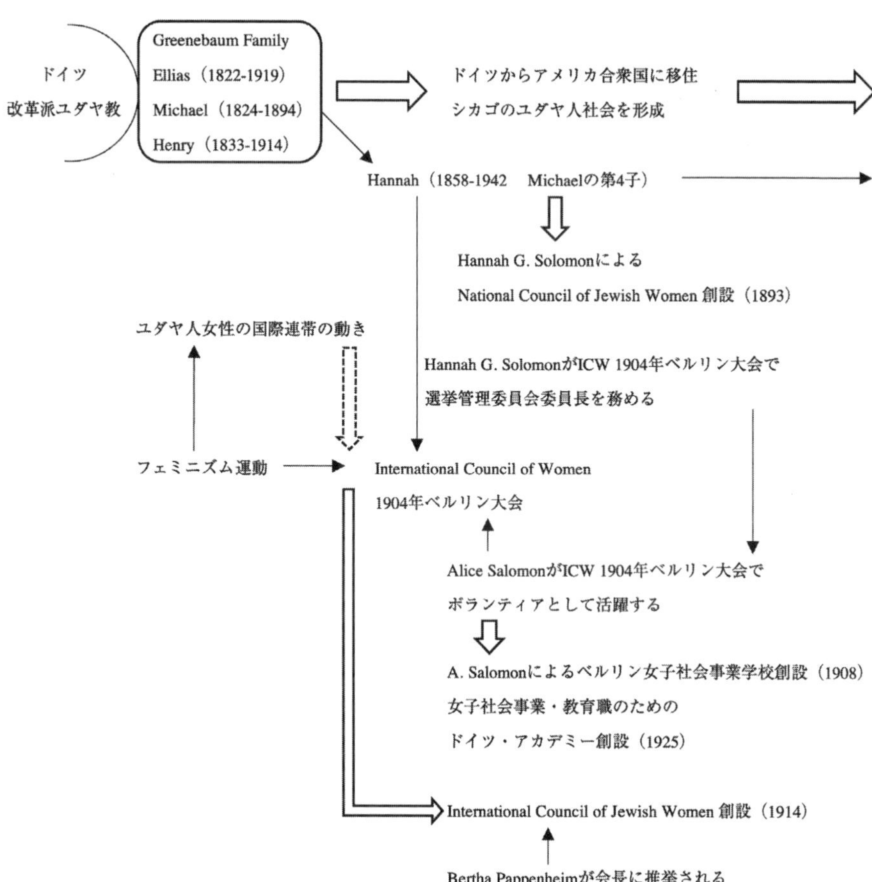

資　料

※筆者作成

Chicago Sinai Congregationと Emil G. Hirschの改革運動は

全米の改革派ユダヤ教会に影響を及ぼした

Bernard Felsenthalの指導のもとGreenebaum三兄弟も創建に携わる。

Chigago Sinai Congregation（1861-　　）　第4代（1880-1923）ラビ　Emil G. Hirsch（1851-1923）

Jane Addams（1860-1935　社会事業家、1931年にノーベル平和賞受賞）の講演

Hannah G. Solomonの講演（1897年2月14日）「ユダヤ女性評議会――その任務と可能性」

Henrietta Szoldが

NCJW設立大会（1893）で講演する

Hannah G. Solomonは

Alice SalomonのICWベルリン大会に

おける活動を高く評価する

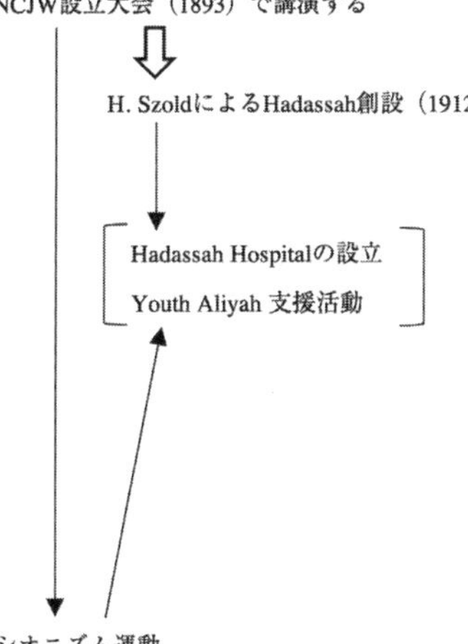

資料 13　ニューヨーク博愛学校　1904–1905 年 学年暦

出典：*The New York School of Philanthropy*, 1905 : 6

1904 年	
10 月　3 日	登録開始
10 月　4 日	講義開始
12 月 22 日	秋学期終了
1905 年	
1 月　5 日	冬学期開始
4 月 20 日	イースター休暇開始
4 月 25 日	春学期開始
5 月 25 日	試験日
6 月 19 日	夏期学校開始
7 月 28 日	夏期学校終了

資料 14　ニューヨーク博愛学校　1904–1905 年 学修プログラム概要

出典：*The New York School of Philanthropy*, 1905 : 3

グループ A	実地調査
グループ B	慈善団体との関係における国家
グループ C	人口の人種的特徴
グループ D	構造的ソーシャルワーク
グループ E	要支援家庭のケア
グループ F	児童援助機関
グループ G	犯罪者等の処遇

資料15　ニューヨーク博愛学校　1904-1905年カリキュラム

出典：*The New York School of Philanthropy*, 1905 : 27-72（改編）

グループA

フィールド調査　原理，理論，方法の一般適用

1. ソーシャルワーク概論及び分析入門
2. 慈善の文学
3. 19世紀の社会改良
4. 産業窮地の原因
5. 慈善団体の財政管理
6. オフィス経済　効率的な管理
7. 年次報告書の価値とその作成技法
8. 遺産と寄付

グループB

慈善との関係における国家

1. ニューヨーク州の公的慈善団体
2. ニューヨーク州慈善委員会
3. さまざまな州の委員会，機関及び方法
4. 公的支援と救済の権利

グループC

人口の人種的特徴　社会学的研究

1. 移民
2. 移民の社会的意味
3. イタリア人の特徴
4. 東欧から来たユダヤ人の特徴
5. アメリカの黒人
6. 都市の黒人　健康と道徳
7. 都市の黒人　経済状況
8. スラブ人の特徴

特別コース　新しい文化の基盤：経済学的研究

グループD

構造的ソーシャルワーク

1. 大都市におけるソーシャルワーク
2. 衛生事業の社会的側面
3. 結核の問題
4. 衛生局の範囲と機能
5. 工場や百貨店における福祉事業
6. 近代産業主義の社会的傾向
7. ボーイズクラブ
8. 社会進出の要因としての近代的教会
9. 社会的要因としての訪問看護

グループE

要支援家庭のケア

1. 支援の原則
2. 慈善における科学的方法の発達史
3. 慈善組織協会の制度と方法
4. 調査と処遇　実践的ケース記録による例証
5. 近代的物乞い
6. ホームレス
7. 病院，診療所，ダイエットキッチン

グループF

児童支援機関

1. 貧困児童，育児放棄をされた児童，非行児童のケア
2. 機関の問題
3. 児童支援団体の組織と管理
4. 児童支援団体等における実践業務
5. 里親制度と試し期間
6. 政府と異常児
7. 知的障害児　心理的及び生理的問題
8. 精神遅滞と虚弱児のための教育と訓練の方法
9. 公立学校における未成熟及び未発達な児童

グループG

刑事改革法制の扱い，問題

1. 新しい刑罰学，その原則と問題
2. 囚役
3. 小規模矯正施設
4. 改革作業の原則と方法
5. 婦女子のための保護監察作業
6. わがままな女子を扱う実践的技術

資料 16　368 の社会組織に雇用されている専門職ワーカーの数，組織の種類及び性別

出典：*Positions in Social Work*, 1916 : 18

組織の種類	特定の種類の組織に雇用されている専門職ワーカー		
	男性	女性	
制度的事業			
児童施設	60	351	411
高齢者施設	19	55	74
女子寄宿舎	—	38	38
救護施設	11	25	36
心身障害者施設	42	59	101
その他	54	87	141
合　計	186	615	801
他の私的事業			
セッツルメント，クラブ	97	347	444
他の教育あるいはレクリエーション	349	466	815
救護及びリハビリテーション	61	350	411
移民	31	32	63
児童	64	588	652
疾病あるいは心身障害	18	100	118
その他	57	106	163
合　計	677	1989	2666
コミュニティ活動			
調査及び教育啓蒙：			
総合的社会情勢	72	66	138
健康	15	6	21
産業	6	20	26
教育	18	74	92
児童福祉	10	15	25
市民活動	78	3	81
その他	49	69	118
合　計	248	253	501
総　計	**1111**	**2857**	**3968**

資料 17　社会組織における性別による専門職ワーカーの年間給与

出典：*Positions in Social Work*, 1916 : 35

年 俸 額	年俸制の専門職ワーカー		
	男性	女性	
$300 未満	—	1	1
$300 以上　$400 未満	2	10	12
$400 以上　$500 未満	1	30	31
$500 以上　$600 未満	2	20	22
$600 以上　$700 未満	13	65	78
$700 以上　$800 未満	19	97	116
$800 以上　$900 未満	3	39	42
$900 以上 $1000 未満	11	91	102
$1000 以上 $1100 未満	6	58	64
$1100 以上 $1200 未満	1	27	28
$1200 以上 $1300 未満	15	74	89
$1300 以上 $1400 未満	4	19	23
$1400 以上 $1500 未満	1	9	10
$1500 以上 $1600 未満	6	25	31
$1600 以上 $1800 未満	2	7	9
$1800 以上 $2000 未満	7	13	20
$2000 以上 $2400 未満	11	11	22
$2400 以上 $2700 未満	15	3	18
$2700 以上 $3000 未満	3	—	3
$3000 以上 $4000 未満	15	2	17
$4000 以上 $5000 未満	11	—	11
$5000 以上 $6000 未満	4	1	5
$6000 以上	4	—	4
合　計	156	602	758

資料 18　社会組織における高等教育を受けた専門職ワーカーの年間給与

出典：*Positions in Social Work*, 1916 : 46（一部改編）

年 俸 額	高等教育を受けた者			
	大学		大学院	
	男性	女性	男性	女性
$400 未満	—	2	—	—
$400 以上　$600 未満	—	13	1	4
$600 以上　$800 未満	9	39	5	11
$800 以上 $1000 未満	7	39	1	9
$1000 以上 $1200 未満	4	32	1	5
$1200 以上 $1400 未満	10	35	3	12
$1400 以上 $1600 未満	4	21	—	2
$1600 以上 $2000 未満	5	8	1	2
$2000 以上 $2400 未満	9	1	1	7
$2400 以上 $3000 未満	15	2	—	—
$3000 以上 $4000 未満	13	2	1	—
$4000 以上 $5000 未満	9	—	—	—
$5000 以上	6	—	—	—
合　計	91	194	14	52

資料 19　社会組織における高等教育を受けていない専門職ワーカーの年間給与

出典：*Positions in Social Work*, 1916 : 46（一部改編）

年 俸 額	高等教育を受けていない者	
	男性	女性
$400 未満	2	8
$400 以上　$600 未満	2	32
$600 以上　$800 未満	18	108
$800 以上 $1000 未満	6	79
$1000 以上 $1200 未満	1	46
$1200 以上 $1400 未満	6	46
$1400 以上 $1600 未満	2	10
$1600 以上 $2000 未満	2	10
$2000 以上 $2400 未満	1	3
$2400 以上 $3000 未満	3	—
$3000 以上 $4000 未満	1	—
$4000 以上 $5000 未満	2	—
$5000 以上	—	1
合　計	46	343

資料 20　ユダヤ公共事業学校　1916–1917 年 学年暦

出典：*The School for Jewish Communal Work*, 1916 : 51（一部改編）

1916 年	
9 月 11 日	登録開始
9 月 22 日	登録完了
9 月 25 日	オープニング演習
9 月 28 日	年度初日
10 月 12 日	仮庵の祭り（スコット）初日
10 月 19 日	仮庵の祭り最終日
11 月 7 日	選挙日
11 月 30 日	感謝祭
1917 年	
2 月 12 日	リンカーン誕生日
2 月 22 日	ワシントン誕生日
3 月 8 日	プリム（エステル記の祭り）
3 月 24 日	期末試験

資料 21　ユダヤ公共事業学校で提供される学修コース

出典：*The School for Jewish Communal Work*, 1916 : 16–17

部　門	学修コース			
	一般入門コース	機関（1916–1917 年提供）	大学院	
			基本コース	グループ研究
産業	11 講座	移民支援協会と移民事業のワーカー 職業紹介所・事務所のワーカー	移民 （1916–1917 年提供） 現代産業とその問題 （1917–1918 年提供）	主専攻 - 産業 第 1 副専攻 - 救済事業 第 2 副専攻 - 矯正事業
博愛事業（慈善事業）	13 講座	慈善救済団体のワーカー 児童ケア機関のワーカー 医療社会サービスのワーカー	依存の問題 （1916–1917 年提供） 児童ケア （1917–1918 年提供）	主専攻 - 救済事業 第 1 副専攻 - 産業 第 2 副専攻 - 矯正事業
矯正事業	4 講座	ビッグブラザーとビッグシスターの組織のワーカー，及び保護観察官	矯正事業の問題 （1917–1918 年提供）	主専攻 - 矯正事業 第 1 副専攻 - 産業 第 2 副専攻 - 救済事業
宗務	5 講座		ユダヤ人とアメリカ （1917–1918 年提供） 宗教と現代生活 （1917–1918 年提供）	主専攻 - 宗務 第 1 副専攻 - ユダヤ教教育 第 2 副専攻 - 青少年ヘブライ協会における事業
ユダヤ教教育	4 講座		宗教教育の問題 （1917–1918 年提供）	主専攻 - ユダヤ教教育 第 1 副専攻 - 宗務 第 2 副専攻 - 青少年ヘブライ協会における事業
青少年ヘブライ協会	3 講座	青少年ヘブライ協会のワーカー	青少年ヘブライ協会における事業 （1917–1918 年提供）	主専攻 - 青少年ヘブライ協会における事業 第 1 副専攻 - ユダヤ教教育 第 2 副専攻 - 宗務
追加 どの部門にも分類されない基本コース			社会法制 （1917–1918 年提供） 公衆衛生 （1916–1917 年提供） 統計と社会調査 （1917–1918 年提供） 共同機関の管理と運営 （1917–1918 年提供）	

資料 22　ロシア学校の 1890 年から 1896 年までの運営状況

出典：Levin（1962）p. 14, Russian Night School Record を改編

	1890-1891	1891-1892	1892-1893	1893-1894	1894-1895	1895-1896
登録者数	515	708	665	900	647	840
平均出席者	103	167	155	233	150	205
授業数	102	99	89	101	91	92
クラス数	5	7	7	8	7	7
総収入	$1369.30	$1764.52	$1721.80	$2044.65	$1700.63	$1632.39
支出	$1369.30	$1545.62	$1702.60	$1852.68	$1629.52	$1631.54

総収入の内訳は，ハーシュ男爵基金委員会の寄付，ハーシュ男爵基金ボルティモア委員会の寄付，受講生の授業料，Hebrew Literary Society の寄付，ボルティモア市民の寄付等である。

資料 23　ハダッサ規約

出典：Hadassah 1921

ハダッサ規約

第 1 条
名称

第 1 項　本女性シオニスト団体連合の名称は「ハダッサ（HADASSAH）」と称する。

第 2 条
目的及び趣旨

第 1 項　ハダッサの目的及び目標は，パレスチナにおけるユダヤ人の制度及び事業を促進し，アメリカにおけるシオニストの理想を醸成することであり，また，このような目的及び目標を支援するために，支部で組織されているか，ハダッサの一般会員として加盟しているかを問わず，女性シオニスト間の協力を促進することである。

第 3 条
規約と会員

第 1 項　本規約に沿った方法でハダッサに加盟した，少なくとも 15 名の会員からなるすべての女性シオニスト団体は，ハダッサの支部を構成するものとする。ただし，大ニューヨークは例外とし，各市町村に 1 支部が存在するものとし，本項の遡及にはない。

第 2 項　ハダッサの支部が存在しない地域に住むシオニスト女性は，ハダッサの会計に年会費を支払うことにより，最寄りの支部，または一般会員として直接ハダッサに所属することができる。

第 4 条
会費と寄付行為

第 1 項　支部の各会員及びハダッサの一般会員は，最低 4 ドルの年会費を支払うものとする。会計年度は，毎年 1 月 1 日に始まるものとする。

第 2 項　支部会員の年会費は，次の方法で分配される。1 ドルは支部が地方経費として保持し，3 ドルはハダッサの全国会計に送金し，同会計はシェケル（Shekel）と全国会費の均等分割のために 2 ドルをアメリカシオニスト機構に送金し，ハダッサの全国管理及び宣伝のために 1 ドルを保持する。

第3項　一般会員の年会費は，ハダッサの全国会計に送金されるものとし，同会計は，ハダッサの管理及び宣伝のためにそのうちの2ドルを保持し，シェケル（Shekel）と全国会費との均等分配のために2ドルをアメリカシオニスト機構に送金しなければならない。

第4項　督促後60日間会費を支払わない場合は，自動的に一般会員を退会したものとする。

第5項　各支部及び一般会員は，ハダッサの特定の目的のためにそれらを通じて寄付されたすべての金銭をハダッサの全国財務担当者に送るものとし，当該寄付は，それぞれの寄付者が指定した特定の目的に完全に適用されるものとする。

第5条
運営－大会

第1項　ハダッサは女性シオニスト連合体であり，各団体は支部に指定されている。ハダッサの業務は，全国理事会が招集する年次大会によって管理されるものとする。この年次大会は，可能な限り，アメリカシオニスト機構の年次大会と同じ期間及び場所で開催されるものとする。

第2項　会員数が25名を超える支部は，会員数が50名を超えるごとに1名，会員数が100名を超えるごとに1名，会員数が75名を超えるごとに1名の代議員を選出することが出来るものとし，各支部は年次大会に少なくとも1名の代議員を選出することが出来る。

第3項　代議員は，全国理事会が年次大会の招集を発した後，その選挙のために招集された定例会議または特別会議において，支部の会員によって選出されるものとする。

第4項　大会に出席した全国委員会の委員は，大会の代議員の権利を有するものとする。

第6条
運営－全国委員会

第1項　大会の合間には，ハダッサの業務は，とくにハダッサのパレスチナ事業の開始と管理を任務とする，15人のメンバーからなる全国理事会によって管理される。

第2項　全国委員会は，毎月1回以上開催されるものとし，その構成員5名をもって定足数とする。

第3項　全国委員会の委員が，正当な理由なく連続3回の全国委員会の会合を欠席した場合又は欠席を書記に通知しなかった場合，その役職は自動的に空席となるものとする。

第 4 項　年次大会と年次大会の間に生じた全国委員会の欠員は，次の大会まで委員会自らの投票によって補充されるものとする。

第 5 項　全国委員会は，常設委員会の委員長を，可能な限りその人数から選出するものとする。

第 6 項　全国委員会は，パレスチナの活動の進捗状況を各支部に報告し，各支部のための広報機関及び情報局としての役割を果たすものとする。

第 7 条

役員，理事，任務，任期

第 1 項　ハダッサの役員及び理事は，会長，3 名の副会長（国内の異なる支部を代表），書記役，会計役及び 9 名の理事とする。これらの者は，全国委員会を構成する。全体の過半数（15 名）は，ニューヨーク市の居住者とする。

第 2 項　全国委員会の役員は，ハダッサの年次大会で選出され，任期は 1 年又は後任者が選出されるまでとする。

第 3 項　現大会（1921 年）において，9 名の理事（6 名の役員を除く）のうち 3 名を任期 1 年，3 名を任期 2 年，3 名を任期 3 年として，得票数の多い方から選出する。その後の各年次大会において，3 名の理事が選出され，それぞれの任期は 3 年又は後継者が選出されるまでの間とする。

第 4 項　役員は，諸会において同種の役職にある者が通常行うべき職務を行うものとする。役員及び理事は，大会又は全国委員会から随時割り当てられるそのほかの職務を遂行しなければならない。

第 8 条

手続き

第 1 項　全国委員会の大会及び会議は，本規約に従うことを条件として，ロバーツの議事規則（改訂版）に準拠するものとする。

第 9 条

シオニスト会議

シオニスト会議及び国際会議への代表の選出は，ハダッサ機構に義務付けられるものとする。

世界シオニスト会議・大会へのハダッサ代表は，以下のいずれかの方法で選出されるものとし，優先順位は次のとおりとする。

1. 可能な限りハダッサの年次大会によって。
2. 実行可能な場合は，国民投票によって。
3. 全国委員会によって。

第10条

改正

第1項　本規約は，大会開催日の6週間前までに各支部に対して改正案の全文を掲載した通知を発した場合に限り，代議員の3分の2の投票によって，又はその後各支部の3分の2の承認を得た場合には，出席代議員の全会一致によって，いかなる大会においても改正することができる。

第11条

支部の標準規約

第1項　ハダッサの規約の一部として，またハダッサの規約と同じ方法で修正されることのみを条件として，以下の標準規約がハダッサの支部のために採用される。ただし，支部は，本規約又は当該標準規約と矛盾しない範囲で，追加の条文及び付則を採用することができる。

標準支部規約

第1条

名称

第1項　本団体の名称は，（名称）ハダッサ支部と称する。

第2条

目的及び趣旨

第1項　本団体は，パレスチナにおけるユダヤ人の制度及び事業を促進し，アメリカにおけるシオニストの理想を醸成することを目的としている。

第2項　本団体の第一の目的，すなわちパレスチナのユダヤ人の制度を促進するために，その資金は，かつてアメリカシオニスト医療団として知られていたパレスチナのハダッサ医療機構に充てられるものとする。

第3項　本団体の第2の目的，すなわちシオニストの理想を醸成するために，理事会は，本団体の会員にヘブライ語の学習，ユダヤ教の教育活動，裁縫サークルの結成などを奨励するものとする。

第3条

会員及び所属

第1項　シオニスト機構に賛同し又はそれを望むすべてのユダヤ人女性は，本団体の会員となる資格がある。ハダッサに入会した女性は，それによって世界シオニスト機構の会員となり，アメリカシオニスト機構の会員となる。

第2項　本団体は，アメリカの女性シオニスト組織であるハダッサと提携しており，あらゆる点でハダッサの規約及び付則，その大会及び全国委員会に従属する。

第4条

会費と寄付行為

第1項　各会員は，4ドルの年会費を支払うものとする。本団体の会計年度は，毎年1月1日に始まるものとする。

第2項　会員の年会費は，以下のように配分されるものとする。1ドルは支部が地方経費として保持し，3ドルはハダッサの全国会計に送金され，ハダッサの全国管理及び宣伝のために1ドルを保持し，シェケル（Shekel）と全国会費の均等配分のために2ドルをアメリカシオニスト機構に送金しなければならない。

支部の会計は，会費のうち，シェケル（Shekel），アメリカシオニスト機構の管理及びハダッサの全国的な管理に適用される部分を，毎月ハダッサの全国会計に送金するものとする。

第3項　2回連続して通知を行った後，1年間会費が支払われない場合は，自動的に退会となる。

第4項　ハダッサのパレスチナ活動のための寄付は，全額これに充てられるものとする。

第5条

運営

第1項　理事を選出し，年次報告書を提出するための本団体の年次総会は，各会員への書面による10日前の通知により，可能であればイヤールの月（4～5月）に開催されるものとする。会議の場所及び日時は，理事会が定める。（名称）の会員で，定足数を構成するものとする。役員及び理事の選出には，（当該団体の）会合に出席した者の過半数の投票を必要とする。

第2項　支部の業務は，毎年総会で選出される理事会により運営されるものとする。理事会は，（人数）の一般会員で構成され，支部が地理的な集合グループで構成されている場合は，集合グループで選出された各グループの代表者1名も含まれる。

第3項　支部年次総会後の最初の会合で，理事会は，そのなかから会長，副会長，書記役，通信役及び会計役を選出し，それぞれその属する役職の任務を負うものとする。

第4項　年次総会と年次総会の間に生じた理事会の欠員は，60日以内に補充されるものとし，一般会員の場合は委員会において，グループ代表の場合は当該グループが補充するものとする。当該グループが60日以内に代表者を選出しなかった場合，理事会は自らその年の残りの期間，欠員を補充するものとする。

第5項　欠席の理由を書記に報告することなく，連続して3回理事会に出席しなかった理事の地位は，自動的に空席となるものとする。

第6項　理事会は，団体の事務を適切に管理するために必要なすべての権限を有するものとする。

第7項　理事会は，毎月1回以上開催するものとする。

第8項　役員5名は，執行委員会を構成し，理事会の合間を縫って，理事会の権限を委譲する。3名の委員をもって定足数とする。

第9項　理事会及び執行委員会は，その指導のために，団体の業務を遂行する上で必要と認められる規則を制定するものとする。

第6条
手続き

第1項　理事会，執行委員会及び会員の会議は，本規約に従うことを条件として，ロバーツの議事規則（改訂版）に従うものとする。

第7条
宣伝

第1項　理事会は，全会員に随時送付される文書及び会合や交流会を通じて，団体の会員と連絡を取り合うものとする。

第2項　団体は，団体内及び（名称）市における宣伝のほかに，パレスチナの生活の発展のためにアメリカのユダヤ人女性の間に協調的な行動をもたらすことを目的として，全米のほかの都市に同様の団体を設立するよう努力するものとする。

第8条
改正

第1項　本規約は，年次総会において，出席会員の3分の2の投票により改正することができる。ただし，その改正の全文を示す通知が，総会開催日の2週間前までに会員に発行されていることが条件となる。

資料 24　1919–1948 年のパレスチナにおけるユダヤ人の自然増加と移民による増加

出典：Frankenstein C.（1950）p. 302, Table 11 を改編

期間	人口の増加			期間終了時の人口	自然増加と移民による増加比（%）		
	自然増加	移民による増加	総増加		自然増加	移民による増加	総増加
1919	—	—	—	56,000 [(a)]	—	—	—
1919–23	6,312	29,988	36,300	92,300	17.4	82.6	100
1924–31	26,013	56,825	82,838	175,138	31.4	68.6	100
1932–38	42,413	193,671	236,084	411,222	18.0	82.0	100
1939–45	61,667	93,391	155,058	566,280	39.8	60.2	100
1946–48	30,734	53,923	84,657	650,937	36.3	63.7	100

(a)　推定

資料 25　1870–1947 年のパレスチナにおける新規ユダヤ人セッツルメント数

出典：Frankenstein C.（1950）p. 300, Table 9 を改編

年	数
1870–1922	72
1923	6
1924	9
1925	7
1926	12
1927	7
1928	3
1929	4
1930	9
1931	3
1932	16
1933	28
1934	12

年	数
1935	15
1936	11
1937	19
1938	18
1939	19
1940	8
1941	7
1942	7
1943	14
1944	6
1945	13
1946	26
1947	12